W0189449

Gisela Schreiber

Handbuch Hanf

Originalausgabe

WILHELM HEYNE VERLAG
MÜNCHEN

HEYNE RATGEBER
Nr. 08/5157

Copyright © 1997 by Wilhelm Heyne Verlag GmbH & Co. KG, München
Printed in Germany 1997
Lektorat: Johann Lankes
Umschlaggestaltung: Atelier Adolf Bachmann, Reischach
Umschlagabbildung: Johann Brandstetter, Neuötting
Satz: MPM, Wasserburg
Druck und Verarbeitung: Presse-Druck, Augsburg

ISBN 3-453-13250-5

Inhalt

Vorwort

Geliebt, verdammt und wiederentdeckt: Cannabis

Das Wort »Hanf« löst bei den meisten Menschen sofort die Assoziation »Droge« aus. Die berauschende Wirkung der Cannabis-Pflanze ist jedoch nur eine und nicht die wichtigste Seite dieser Natursubstanz. Hanf ist seit Jahrtausenden eine Nutzpflanze, die hohen Qualitätskriterien standhielt. Als Rohstoff für Papier, Kleidung, Seile und Segel garantierte Hanf eine lange Lebensdauer dieser Produkte. Aus kommerziellen Interessen wurde Hanf durch die Baumwolle verdrängt. Baumwolle verschleißt schneller und erhöht dadurch die Konsumgeschwindigkeit, folglich den Umsatz.

Die auf allen Kontinenten seit der Frühgeschichte bekannten Heileigenschaften des Hanfs gerieten in Vergessenheit. Ebenso besitzt der Samen der Cannabis-Pflanze ausgesprochen hochwertige Inhaltsstoffe, die in der vollwertigen Ernährung zur Gesunderhaltung beitragen können. Selbst als Energielieferant kommt Hanf in Betracht.

Seinen schlechten Ruf verdankt der Hanf ausschließlich seiner berauschenden Wirkung. Dieses Buch soll helfen, das Vorurteil über diese nützliche Pflanze aufzuheben und den Blickpunkt auf all ihre wertvollen Eigenschaften und Einsatzmöglichkeiten zu richten.

Gisela Schreiber

Cannabis, Haschisch, Marihuana –
wovon sprechen wir?

Cannabis ist der allgemeine lateinische Name für die Gattung der Hanfpflanzen. Die Cannabis-Pflanzen teilen sich in drei Hauptgruppen auf, die jeweils einen unterschiedlich hohen Anteil der berauschenden Substanz THC (Tetrahydrocannabinol) haben.

1. *Cannabis sativa:* Diese Hanfsorte, der gewöhnliche Hanf, besitzt den geringsten Anteil an THC, dem rauscherzeugenden Wirkstoff. Cannabis sativa ist besonders reich an Fasern und eignet sich daher vorrangig zur Papiergewinnung und Herstellung von Stoffen. Die dickstämmigen Pflanzen werden bis zu vier Meter hoch und haben wenig Verzweigungen.

2. *Cannabis indica:* Der indische Hanf verfügt über den höchsten THC-Anteil und ist hauptsächlich für medizinische Anwendungen geeignet. Die dünnstämmigen Pflanzen werden bis zu 1,2 Meter hoch und haben eine dichte Beblätterung und viele Zweige.

3. *Cannabis ruderalis:* Der wilde Hanf ist im Gegensatz zu den beiden anderen Sorten keine Kulturpflanze. Er wächst wild, und sein THC-Anteil liegt im mittleren Bereich. Die Pflanze wird nur bis zu 60 Zentimeter hoch, hat eine große nicht sehr umfangreiche Beblätterung und kaum Zweige.

Die Cannabis-Pflanzen sind entweder männlichen oder weiblichen Geschlechts. Entsprechend ihrem Geschlecht zeigen die einzelnen Pflanzen ein unterschiedliches Aussehen, länglich und hoch die männlichen oder niedriger und breiter die weiblichen.

Die weiblichen Pflanzen sondern während der Blütezeit ein Harz ab, um sich vor zu großem Feuchtigkeitsverlust durch witterungsbedingte Wärme zu schützen. Dieses Harz ist die Grundsubstanz für *Haschisch* (umgangssprachlich auch »Shit« genannt).

Die für manche Zwecke erwünschte berauschende, entspannende und bewußtseinserweiternde Wirkung kann Haschisch oder Marihuana nur erzeugen, wenn der THC-Anteil der Hanfpflanzen hoch genug ist. Die THC-armen Sorten sind für die Gewinnung von Rausch hervorrufenden Harzen nicht geeignet.

Die getrockneten Blüten und Blätter der Hanfpflanze werden als *Marihuana* bezeichnet (umgangssprachlich auch »Gras« genannt).

Der Pflanzenstamm enthält keine berauschenden, wohl aber medizinisch nutzbare Bestandteile. Im allgemeinen dient der Stamm der Hanfpflanzen ausschließlich der Fasergewinnung.

Kraut oder auch Knaster wurde bis zum Zweiten Weltkrieg die Mischung von Hanfblättern und Samen genannt. Diese Pfeifenfüllung war bei den damaligen Bauern keine Seltenheit und bis 1929 auch völlig legal.

Schon die Schamanen arbeiteten zwischen Rausch und Medizin

Die Heilkundigen der Indianer, die Schamanen, benutzten die gesamte Hanfpflanze für ihre Heilkünste. Als selbstverständliches Entspannungs- und Heilmittel gehörte der Hanf zum Alltag der Indianer.

Die berauschende Wirkung der Blätter und Blüten wurde von den Schamanen gezielt zur Bewußtseinserweiterung für ihre prophetischen und heilenden Aufgaben eingesetzt. Die medizinische Wirkung der Pflanze stand allen Stammesangehörigen offen.

Mit der Hippie-Generation wurde dieses Allheilmittel in das Licht der Öffentlichkeit gerückt. Allerdings stand der mögliche Rauschzustand durch die Blüten und Blätter der Cannabis-Pflanze bei den Blumenkindern im Mittelpunkt. Diese entspannende Wirkung des Hanfs war jedoch nur eine unter vielen Anwendungsmöglichkeiten. Durch den allgemeinen Drogenkonsum und die dadurch entstandene Suchtproblematik wurde auch der Hanf von staatlicher Seite verfolgt und verbannt. Eine nützliche Heil- und Nutzpflanze geriet ins Abseits durch einseitigen Gebrauch. Dennoch hat sich das alte Wissen der Schamanen erhalten. Teile dieser heilenden Anwendungsmöglichkeiten der Cannabis-Pflanze können wir uns heute zunutze machen.

Alles begann in Deutschland

In Thüringen werden Hanfsamen in einer Vase aus der Zeit um 5500 v. Chr. gefunden und belegen den hohen Stellenwert der Kulturpflanze in Deutschland während der vorgeschichtlichen Zeit.

Zur Zeit Karls des Großen, um 800 n. Chr., wird Hanf als Rohstoff für Seile, Segel, Textilien und Lampenöl angebaut. Per kaiserlichem Erlaß wurde der weitflächige Anbau der Hanfpflanze sogar angeordnet, um den deutschen Binnenmarkt ausreichend mit dem begehrten Rohstoff zu versorgen.

Im Laufe des 14. Jahrhunderts wurden Verfahren zur Gewinnung von Zellstoff und Papier aus Hanffasern entwickelt.

Das Hanfpapier wurde im 16. Jahrhundert Grundlage der Buchdruckerkunst. Parallel dazu fand Hanf als Heilmittel in Kräuterbüchern Erwähnung. Angesehene Ärzte wie Paracelsus (1493–1541) lobten Hanf wegen seiner vielfältigen Anwendungsmöglichkeiten in der Medizin.

Der Hanfanbau ging in Deutschland mit dem Ende des 18. und dem Beginn des 19. Jahrhunderts drastisch zurück. Baumwolle und Jute gewannen den Konkurrenzkampf und eroberten den Weltmarkt.

Während des Ersten und Zweiten Weltkriegs erlebte der Hanfanbau eine Renaissance. Mangels ausländischer Importe wurde die Hanffaser wieder das Rohmaterial Nr. 1, aus welchem widerstandsfähige Zelte, Seile, Segel und Stoffe hergestellt werden konnten.

1929 wurde von der Preußischen Regierung das erste

Verbot für indischen Hanf mit hohem THC-Anteil erlassen. Dennoch wird im Zweiten Weltkrieg erneut auf heimischen Anbau zurückgegriffen, um eine Unabhängigkeit von Amerika als Baumwollieferanten zu erlangen.

Die Nachkriegszeit ist die Zeit der Nylonfaser. Synthetische Stoffe und amerikanische Baumwolle verdrängen die Hanffaser fast vollständig. Der bereits erprobte Hanf-Diesel-Treibstoff verlor den Wettkampf gegen das umweltschädlichere Benzin aus Erdöl.

1981 wurde in Deutschland der Hanfanbau, auch von THC-armen Sorten, verboten. Hanf fiel vollständig unter das Betäubungsmittelgesetz, als Reaktion auf das Drogenproblem der 60er und 70er Jahre.

1996 wurde der Anbau von THC-armen Hanfsorten mit Genehmigung in Deutschland wieder möglich.

1996 – der Wiederanfang und die rechtliche Seite

Seit April 1996 darf THC-armer Hanf offiziell wieder in Deutschland angebaut werden. Hierzu bedarf es einer Genehmigung der Bundesanstalt für Landwirtschaft und Ernährung. Diese Lockerung der heimischen Gesetzgebung ist auf die Angleichung des deutschen Rechts an die allgemeine Rechtslage der Europäischen Union zurückzuführen.

Der gesetzliche Rahmen

- Hanf darf ausschließlich von landwirtschaftlichen Betrieben angebaut werden.
- Der Hanfanbau muß der Fasergewinnung dienen.
- Der THC-Gehalt (dies ist der berauschende Wirkstoff) darf nicht über 0,3 Prozent liegen. Es sind also nur THC-arme Sorten für den Anbau freigegeben, die entsprechend kaum Rausch erzeugende Wirkung haben können.
- Landwirte, die Hanf anbauen möchten, müssen einen Antrag auf Genehmigung beim Landwirtschaftsministerium stellen und eine Probe des geplanten Saatgutes anliefern.

Cannabis aus der Apotheke – eine deutsche Diskussion

Cannabis, besonders Cannabis indica, der indische Hanf mit hohem THC-Gehalt, ist vielseitig für medizinische Zwecke einsetzbar, zum Beispiel zur

- Appetitanregung
- Entkrampfung und Beruhigung
- Entspannung und Stimmungsaufhellung
- Abschwellung der Schleimhäute
- Herabsetzung des Augeninnendrucks

Deutsche Ärzte könnten dieses Naturheilmittel jedoch nur verschreiben, wenn es synthetisch hergestellt wurde, als Cannabinoid. Auf dem amerikanischen Markt gibt es ein derartiges Medikament bereits mit dem Namen »Nabilon«. Ebenso dürften deutsche Apotheker ein THC-haltiges synthetisches Produkt gegen Rezept vertreiben, wenn es auf dem deutschen Markt schon zu haben wäre. Dieser Umstand brachte in jüngster Zeit die Diskussion über die Legalisierung des Hanfs wieder in Schwung.

Der individuelle kontrollierte Konsum von Hanf durch Apotheken als Abgabestellen wurde vielfach, auch von manchen Politikern, befürwortet. Die öffentliche Diskussion über diese Lösung flachte jedoch vorerst wieder ab, da sich der Apothekerverband eher abgeneigt zeigte.

Die holländische Lösung, Hanf über die sogenannten Coffee-Shops zu vertreiben, wurde in Deutschland wegen der vermuteten Unkontrollierbarkeit verworfen. Dennoch bleibt das Thema, Hanf aus der Drogenszene herauszulösen, aktuell.

Viele Hanf-Konsumenten wurden in der Vergangenheit durch die gesetzliche Einstufung der Pflanze als Droge mit der illegalen Drogenwelt in Kontakt gebracht. Dies führte bei vielen Konsumenten erst zu einem echten Drogenproblem.

Da Hanf nicht im eigentlichen Sinne süchtig macht, wurde und wird Haschisch oder Marihuana von Drogenhändlern mit Opium oder Heroin versetzt. So konnten die illegalen Drogenhändler ihre Klienten in lukrative Abhängigkeit von harten Drogen bringen. Dieser Umstand machte Hanf häufig zur sogenannten Einstiegsdroge, nicht aber das reine Produkt an sich.

Wäre der Konsum von Hanf legal, würde kein Kontakt

zu kriminellen Drogenhändlern zustande kommen und es wäre gewährleistet, daß stets reine Produkte an den Endverbraucher gelängen. Durch ihren legalen Hanfvertrieb erzielten die Niederländer in Europa die niedrigsten Zahlen an Drogentoten oder Abhängigen.

Anwendungen
über die Jahrhunderte

Das 67 Jahre währende Verbot des Hanfanbaus in Deutschland hat die jahrtausendealte Heil- und Nutzpflanze fast in Vergessenheit geraten lassen. Doch unter wirtschaftlichen, ökologischen und medizinischen Gesichtspunkten betrachtet, könnte die Hanfpflanze in Gegenwart und Zukunft viele Probleme lösen helfen.

Kleine Geschichte:
Hanf in allen Völkern von Urzeiten an

Durch den Fund einer mit Hanfsamen gefüllten Vase von 5500 v. Chr. kann Cannabis als eine der ältesten Kulturpflanzen bezeichnet werden. Die 1970 in Eisenberg durchgeführte Ausgrabung belegt, daß Hanf schon vor der Steinzeit ein wertvolles Gut der Menschheit war.

Spätestens seit 3000 v. Chr. ist für alle alten Kulturvölker der Gebrauch von Hanf tradiert. Als Papier, Stoffmaterial, Lampenöl und Medizin wurde Hanf im asiatischen Raum von China über Indien und Kleinasien geschätzt. Ebenso läßt sich die Verwendung der anspruchslosen und vielseitigen Nutzpflanze in Afrika und Europa schon seit der Stein- und Bronzezeit belegen.

Die alten Seefahrervölker, wie beispielsweise die Phönizier der Antike oder die Wikinger des Mittelalters, fuhren unter Hanfsegeln über die Weltmeere.

Bis zum Ende des Mittelalters wurde Hanf als Rohstoff für Papier, Segel und Tuch sowie als Heilmittel auch in Europa geschätzt. Für die heilende Äbtissin Hildegard von Bingen (12. Jahrhundert) und den Urvater der Naturheilkunde, Paracelsus (16. Jahrhundert), war Hanf ein wichtiger Bestandteil der Naturapotheke.

Mit beginnender Neuzeit bildeten die Hanfprodukte durch ihre konservierenden Eigenschaften eine Grundlage für viele künstlerische Meisterwerke. Die Leinwände der meisten alten Meister waren, wegen der fast unbegrenzten Haltbarkeit, aus Hanf. Ohne Hanfleinwand könnten wir heute die Malerei Rembrandts nicht mehr bewundern. Selbst die Farben wurden mit Hanföl angemischt und gewährleisten nach wie vor den Erhalt der Leuchtkraft über die Jahrhunderte. Die Gutenberg-Bibel hat, dank des Hanfpapiers, nichts von ihrer Intensität eingebüßt.

Moderne Anwendungsmöglichkeiten

Der natürliche Rohstoff Hanf könnte gerade in heutiger Zeit viele chemische und daher die Umwelt belastende Materialien ersetzen.

Die Hanfpflanze ist nicht nur vollständig verwertbar, sondern hinterläßt auch keine schädlichen Abfallprodukte. Zusätzlich ist die Cannabis-Pflanze schnell wachsend, braucht kaum Pflege und verfügt über einen natürlichen Eigenschutz gegen Unkraut. Dieser unkomplizierte Rohstoff könnte in vielen Industriebereichen als Ersatz für umweltschädliche synthetische Produkte eingesetzt werden. So ließen sich etwa Papier, Tuch, Bekleidung und alle Baumwollprodukte umweltfreundlicher und haltbarer aus Hanffasern herstellen.

Ebenso sind viele Bestandteile der Cannabis-Pflanze in der Küche und im Medizinschrank eine wertvolle Bereicherung.

Hanfprodukte und ihre Vorteile

Bekleidung: Als Naturfaser läßt sich Hanf mit Leinen und Baumwolle vergleichen.

- Der Vorteil für den Verbraucher: Bekleidung aus Hanffasern ist viel haltbarer als Baumwolle. Die ersten amerikanischen Jeans wurden aus Hanffasern hergestellt. Ihren Ruf der Unverwüstbarkeit verdanken diese ursprünglichen Arbeitshosen der Cannabis-Pflanze. Die heutigen Baumwoll-Jeans können in Sachen Haltbarkeit bei weitem nicht mithalten.
- Der Nachteil für die Industrie: Bekleidung aus Hanffasern ist viel haltbarer als Baumwolle.

Durch die Gesetzeslockerung von 1996 sind viele Landwirte willens, Hanf anzubauen. Doch es mangelt an der weiterverarbeitenden Industrie. Die Stoffproduktion aus Hanffasern steckt zur Zeit bestenfalls in den Kinderschuhen. Zugleich sind momentan sehr wenig Bekleidungsfirmen bereit, Mode aus Hanffasern herzustellen. Der hauptsächliche Hinderungsgrund liegt vermutlich an der Haltbarkeit. Was nicht verschlissen wird, braucht nicht neu gekauft zu werden. Hier kann nur ein Trend helfen. Wenn Hanf in Mode kommt und entsprechend eine größere Nachfrage besteht, würde sich die Industrie vermutlich fügen. Wären langlebige Textilien wieder »in«, würden sich die schnell verschleißenden Billigfabrikate aus Fernost bald auf den »out«-Listen wiederfinden.

Hanf ist auch ein Rohstoff für die *Ernährung*. Hanfsamen und Hanföl können eine wertvolle Bereicherung der gesunden Küche sein.

- Das Hanföl kann jedes andere Öl ersetzen und liefert zugleich für den Stoffwechsel wichtige Bestandteile. Besonders der hohe Anteil an ungesättigten Fettsäuren, 80 Prozent, hält die Adern elastisch und unterstützt die Selbstreinigung des gesamten Körpers.
- Hanfsamen sind eine gesunde Kombination aus Proteinen, Vitaminen, Mineralstoffen und Spurenelementen. Die Hanfkeimlinge stehen Sojasprossen oder Weizenkeimen in nichts nach, übertreffen teilweise deren Qualität. (Siehe Rezeptteil: Cannabis in der Küche)

In der *Naturmedizin* kann Hanf mit vollem Recht einen Spitzenplatz beanspruchen. Zur Linderung vieler Beschwerden leistet diese nützliche Pflanze viele gute Dienste (siehe Anwendungsgebiete: Die Methoden in der Medizin).

Für die *Kosmetik* lassen sich aus Hanföl viele hochwertige Pflegeprodukte herstellen. Die Hanfsamen können in der Hautpflege, als nährende Packungen, wunderbare Resultate erzielen (siehe Rezeptteil: Kosmetik).

Wenn die allgemeinen Prognosen stimmen und die weltweiten Erdölvorkommen nur noch für höchstens 200 Jahre reichen, ist eine Suche nach Alternativen unumgänglich. Erste Versuche mit Rapsöl haben kürzlich die Diskussion über natürlich nachwachsende Rohstoffe zur Dieselherstellung eröffnet.

Die sehr ölhaltige und schnell wachsende Hanfpflanze wurde bislang auf der Suche nach einem nachwachsenden natürlichen *Treibstoff* noch nicht berücksichtigt. Es bleibt eine Frage der Zeit, bis die Forschung die Qualitäten des Hanföls wieder entdeckt. Hanföl könnte zu einer umweltfreundlichen Lösung des Brennstoffproblems beitragen.

Während des Zweiten Weltkriegs wurden sogar schon Versuche durchgeführt, aus Hanfzellulose ein dem *Kunststoff* vergleichbares Material herzustellen.

- Kunststoffrohre könnten im Hausbau durch ungiftige Hanfrohre ersetzt werden.
- Die Unterseiten von Teppichböden könnten mit dem aus Hanf gewonnenen Naturharz ausgestattet werden. Die gesundheitlichen Risiken der Kunststoffteppiche wären damit ausgeschlossen.
- Viele Kunststoffteile im Möbel- oder Baubereich könnten der Umwelt und der Gesundheit zuliebe durch das natürliche Hanfharz ersetzt werden.

Bereits 1941 verwendete Henry Ford, Erfinder der berühmten Tin Lizzy, Gußteile aus Hanf für ein Auto. Das völlig umweltfreundliche Verfahren könnte heute weiterentwickelt werden. Ebenfalls dürfte die Verwendung dieses Naturstoffs für Verpackungen das Entsorgungsproblem erheblich reduzieren.

Als *Baumaterial* könnten aus Hanffasern Sperrholzplatten in jeglicher Form hergestellt werden. Ob als Möbelteile oder als Dämmstoff, Hanfplatten stehen den aus Holz gewonnen Produkten in keiner Weise nach.

- Hanfpflanzen können jedes Jahr neu geerntet werden. Sie wachsen erheblich schneller nach als Bäume.
- Hanfplatten sind nicht giftig und halten länger.
- Um dieselbe Menge Rohstoff herzustellen, benötigt der Anbau von Hanf nur ein Viertel der Ackerfläche, die ein vergleichbarer Wald erforderlich machen würde.

Farben ließen sich mit dem gänzlich ungiftigen Hanföl herstellen und würden so unsere Wohnräume von gesundheitsschädlichen Ausdünstungen befreien. Einige wenige Firmen produzieren bereits wieder Lackfarben auf Hanfölbasis.

Den Traum von einer intakten, ökologisch sich selbst erneuernden Umwelt hat die Menschheit sich selbst schon fast zerstört. Doch die Vernichtung von langsam nachwachsenden Baumbeständen zur Papierherstellung muß heutzutage wirklich nicht mehr sein.

Papier aus Hanf könnte einen wahren Segen für die Wälder dieser Erde bedeuten.

- Hanfpapier ist ein Naturprodukt und hinterläßt in der Herstellung und Entsorgung keine Umweltschäden.
- Hanfpapier ist um ein Vielfaches haltbarer als Papier aus Holz. Die Gutenberg-Bibel hätte sich nicht erhalten, wäre sie nicht auf Hanfpapier gedruckt.
- Hanf ist eine schnell wachsende Pflanze und könnte die Nachfrage deckend erzeugt werden.

Der weltweite Bedarf an Papier ist groß. Er ist so groß, daß – trotz kommerzieller Forstwirtschaft – die Baumbestände der Erde ständig bedroht sind. Die Grundlage unserer heutigen Informationsgesellschaft ist Papier. Für jeden Zweck werden Ausdrucke gemacht, Memos und Notizen geschrieben. Wurfsendungen und Verpackungen nehmen ein Ausmaß an, das jedem privaten Haushalt Entsorgungsprobleme bereitet. Statt die benötigte Papiermenge durch Computereinsatz zu senken, wie ursprünglich angenommen, hat die verstärkte Verbreitung dieser modernen Technik zu einem noch größeren Papierverbrauch geführt. Doch der gegenwärtige Papierkonsum hat einen hohen Preis: die Wälder dieser Erde sind in ihrem Bestand bedroht.

Hanf ist eine schnell wachsende Pflanze, die den weltweiten Papierbedarf decken könnte. Statt Felder mit EU-Subventionen stillzulegen, könnte verstärkt Hanf angebaut werden.

Die unkomplizierte Hanfpflanze könnte eine sinnvolle Alternative sein. Dank der Gesetzesänderung von 1996 gibt es wieder Hanfpapier auf dem Markt. Leider liegen die Endabnehmerpreise noch weit über dem üblichen Papierpreis, doch regelt bekanntlich die Nachfrage früher oder später das Angebot. Der Aufbau der Hanfpapier-Industrie hat begonnen. Moderne Maschinen zur Verarbeitung müssen noch entwickelt werden.

Die Aufzucht der Pflänzchen
zu Hause

Die gesetzliche Lockerung vom April 1996 macht den Kauf und Verkauf von Hanfsamen, Hanföl und Hanfprodukten, wie zum Beispiel Textilien, möglich und legal, aber die Bestimmungen des Betäubungsmittelgesetzes gelten nach wie vor für Cannabis als Rauschmittel.

Der Erwerb, der Handel, die Durchfuhr und der Besitz von *THC-haltigem Cannabis* ist nach wie vor laut Bundesbetäubungsmittelgesetz *strafbar* (Freiheitsstrafe bis zu fünf Jahren oder Geldstrafe)!

Doch das Bundesverfassungsgericht hat in einem Urteil vom 9. März 1994 eine *Lockerung in der Anwendung dieses Gesetzes* festgelegt. Demzufolge ist die Strafverfolgung von geringen Mengen Betäubungsmitteln für den Eigenbedarf nicht mehr gesetzlich zwingend notwendig.

Dies bedeutet, daß für den Eigenbedarf bestimmte geringe Mengen Cannabis zulässig sind, allerdings ohne Gewähr auf Straffreiheit. Denn die *Möglichkeit* zur strafrechtlichen Verfolgung ist nach wie vor gegeben!

In den einzelnen Bundesländern ist die Menge, welche als Eigenbedarf gilt, vom Ermessen der Beamten abhängig (zwischen ½ g und 30 g). Es gibt keine einheitliche bundesweite Regelung.

Nach der Lockerung in der Gesetzanwendung könnte
Haschisch oder Marihuana privat mit geringerem Risiko
benutzt werden. Hanf wurde jedoch nicht aus dem Betäubungsmittelgesetz herausgenommen.

THC-arme Samen sind freiverkäuflich, aber ...

Obwohl die THC-armen Hanfsamen ganz legal gekauft
werden und ohne Einschränkung in der Küche verwendet
werden dürfen, ist die Aufzucht von Hanfpflanzen privat
nicht gestattet. Hanfanbau bestimmter THC-armer Sorten dürfen nur Landwirte mit entsprechender Genehmigung betreiben. Auch die Aussaat von THC-armen Sorten
im Blumentopf ist nicht erlaubt.

Allgemein gilt: Die private Aufzucht von Hanfpflanzen, unabhängig welcher Sorte, ist verboten und strafbar (Betäubungsmittelgesetz über die Aufzucht von
Suchtmitteln)!

Es ist jedoch nicht verboten, zum Beispiel in Hanf-Häusern Saatgut zu erwerben.

Anpflanzen im Blumentopf ist möglich

Allerdings wird zur Zeit die Anzucht geringer Mengen
Hanfpflanzen im heimischen Blumentopf gesetzlich ähnlich wie der Besitz von Haschisch oder Marihuana im

Rahmen des Eigenbedarfs behandelt. Sollte es sich wirklich um einige wenige Pflanzen drehen, fällt das Strafmaß gering aus oder es wird überhaupt keine Strafe verhängt. Die strafrechtliche Verfolgung setzt jedoch erst ein, wenn eine Anzeige vorliegt.

Grundsätzlich sollte sich jedoch jeder darüber im klaren sein, daß die Lockerung der Gesetzesanwendung das Verbot nicht aufhebt!

Was Sie beachten müssen

Da es verboten ist, privat Hanf auszusäen, soll die folgende Anleitung zur Aufzucht nur eine *rein theoretische Darstellung* des Vorgangs sein.

- Um Hanf im Blumentopf zu züchten, was verboten ist, müßte man moorhaltige Erde nehmen und die Saatkörner ungefähr vier Zentimeter tief in die Erde stekken. Nach etwa drei Wochen hätten sich die Jungpflanzen aus der Saat entwickelt.
- Die THC-haltigen Sorten, die im Gegensatz zu Holland in Deutschland generell verboten sind, obwohl man sie kaufen kann, brauchen mehr Pflege als die THC-armen.
- Mehr als drei Pflänzchen sollten nicht in einen Blumentopf herangezogen werden, aber dies ist verboten.
- Der Hanf braucht viel Licht und sollte ständig feucht, nicht naß, gehalten werden. Im April bis Mai ausgesät, könnte der THC-haltige Hanf von Ende September bis

Anfang November geerntet werden, wenn es nicht verboten wäre.

- Um THC-reichen Hanf zu erhalten, müßten die Pflanzen lange genug ausreifen, da sich erst am Ende der Wachstumsphase größere Mengen THC bilden. Dies ist jedoch verboten.
- Eine künstliche UV-Lampe für Pflanzen könnte dem Hanf eine gute Wachstumsphase während trüber Witterung gewährleisten, wenn es nicht verboten wäre.

Auch das geschickte Verstecken der Hanfpflanzen hinter anderen Grünpflanzen ändert nichts an dem Zuchtverbot!

Falls Sie dennoch plötzlich in den Besitz geringer Mengen selbstgezüchteten Hanfs kommen sollten, würde der Eigenverbrauch zwar toleriert, aber nicht legal sein. Total verboten ist allerdings, den selbstgezüchteten Hanf zu verschenken oder gar zu verkaufen.

Es sollte selbstverständlich sein, nach dem – wie oben erläutert – illegalen Konsum von Haschisch oder Marihuana nicht mehr Auto zu fahren!

Vergleichbar mit der Beeinträchtigung durch Alkohol führt auch der Genuß von Haschisch oder Marihuana zu Reaktionsverlangsamungen. Bei einer Verkehrskontrolle droht, wie beim erhöhten Alkoholspiegel, der Führerscheinentzug. Urin- oder Haarproben bringen in diesem Fall den Nachweis.

Kosmetik
aus Cannabis

Für die Herstellung von Kosmetikprodukten eignen sich das Hanföl und die Hanfsamen auf hervorragende Weise.

Neben Avocado- und Mandelöl ist das Hanföl dem menschlichen Hautfett am ähnlichsten. Das bedeutet, daß Hanföl besonders schnell von der Haut aufgenommen wird und wirklich tief in die Hautstruktur eindringen kann.

- Diese Eigenschaft ergibt sich aus dem besonders hohen Anteil an ungesättigten Fettsäuren, die in der Lage sind, bis in die unteren Hautschichten pflegend einzuwirken.
- Hanföl enthält zugleich Gamma-Linolen-Säuren, welche entzündungshemmend wirken und somit zur Hauthygiene beitragen.

Es gibt schon in vielen Reformhäusern und Naturläden Hanf-Kosmetika, unter denen sich die Pflegeserie »Vero Verde« besonders bewährt hat. Dennoch bevorzugen immer mehr Menschen die frische Herstellung von Natur-Pflegemitteln.

Die folgenden Rezepte können Sie selbst zu Hause anrühren oder aber in einer Apotheke vorlegen und dort anrühren lassen.

Der Vertrieb und Erwerb von Hanföl und Hanfsamen ist – im Gegensatz zur Aufzucht und dem Konsum der Blätter und Blüten – völlig legal.

Das erstaunliche an selbstgemachten Kosmetika ist, daß es Produkte dieser Qualität kaum fertig zu kaufen gibt. Reformhäuser, Naturläden und manche Apotheken führen zwar oft Pflegeprodukte, die von guter Qualität sind, doch meist enthalten diese Mittel dennoch Konservierungsstoffe, um lagerfähig zu sein.

Die kommerzielle Kosmetikindustrie hingegen verwendet meist nur einen Bruchteil der hochwertigen Bestandteile, die wir in angerührten Naturprodukten verwenden. Manche Creme aus zwar namhaftem Hause erreicht den Handel mit einem Verkaufspreis von bis zu 80 DM, inclusive Konservierungsmitteln. Weit höhere Qualität erreichen die selbstgemachten Kosmetika für allerhöchstens ein Viertel dieses Preises.

Selbstverständlich gilt auch für die Eigenherstellung: Prüfen Sie als erstes, ob Sie nicht gegen einen der Bestandteile allergisch sind.

Die meisten Menschen wissen, ob und wogegen sie allergisch sind, aber es kann nicht schaden, vor der Herstellung der Kosmetika einen kleinen Allergietest zu machen. Es sind gegen Hanföl zwar keine allergischen Reaktionen bekannt, aber da Hanföl gewöhnlich selten in der Kosmetikherstellung eingesetzt wird, kann ein Allergietest die letzte Sicherheit bringen.

Kleiner Allergietest:

- Geben Sie vom Hanföl einige Tropfen in die Armbeuge, verreiben Sie das Öl und lassen es über Nacht einwirken. Ist am nächsten Morgen weder die Haut gerötet noch haben sich Pusteln gebildet, so besteht kein Allergierisiko.
- Wenn Sie das Hanföl gut vertragen (mit einer Wahrscheinlichkeit von 99 Prozent), vergessen Sie bitte nicht, den Test auch für die anderen Bestandteile der Naturkosmetik zu machen. Besonders manche ätherische Öle rufen gelegentlich allergische Reaktionen hervor.
- Danach können Sie sich beruhigt die besten Pflegeprodukte herstellen: die selbstgemachte Hanf-Kosmetik.

Die Vorbereitungen zur eigenen Herstellung mögen ein wenig gewöhnungsbedürftig sein, aber es gibt nichts, was Ihrem Körper so gut tun kann, wie Naturkosmetik mit Hanföl. Außer dem Öl können auch die pürierten Hanfsamen zur Körper- und Gesichtspflege eingesetzt werden, besonders für regenerierende Masken.

Die kleine Grundausstattung für Ihre Küche

Um Naturkosmetika herzustellen, brauchen Sie in den meisten Fällen keine Gerätschaften zu kaufen. Fast alles, was nötig ist, findet sich in der normalen Küchenausstattung.

- Ein Küchenmixer (die Mixstäbe müssen in kochendem Wasser desinfiziert werden). Es empfiehlt sich, einen zweiten Satz Mixstäbe zu kaufen, die dann nur für die Kosmetikherstellung verwandt werden.
- Ein feuerfester Glastopf oder eine feuerfeste Porzellanschüssel
- Ein kleiner Holzlöffel
- Ein kleiner hitzebeständiger Plastiklöffel
- Ein hoher hitzebeständiger Plastiktopf (wie man ihn zum Sahneschlagen benutzt)
- Eine Briefwaage
- Einige Glas- oder Porzellantöpfchen zum Abfüllen der selbstgemachten Produkte. Diese Töpfchen können Sie stets wiederverwenden, nachdem Sie diese gesäubert und ausgekocht haben. Plastiktöpfchen sind nicht empfehlenswert, da das Material oft porös wird oder Kratzer bekommt. An diesen beschädigten Stellen können Reste der verbrauchten Kosmetika verbleiben und das Gefäß durch Bakterienbildung zur Wiederverwendung ungeeignet machen. Apotheken verwenden oft Plastiktöpfchen, aber nur zum einmaligen Gebrauch.
- Ein Thermometer für den Laborbedarf. Beim Messen der Temperatur im Topf auf dem Wasserbad sollte das Thermometer in die Mitte der Flüssigkeit, nicht auf den Topfboden gehalten werden.
- Metallgefäße sollten möglichst nicht verwendet werden, da sie unter Umständen unerwünschte chemische Verbindungen mit den Substanzen eingehen könnten.

Temperatur und Hygiene – das A und O der Kosmetik

Beim Einkauf der Zutaten sollten Sie darauf achten, daß es sich um frische Ware handelt. Sagen Sie bei Ihrer Bestellung ruhig, daß Sie frische Zutaten wünschen. Riechen Sie an den Bestandteilen, um zu prüfen, ob diese wirklich frisch sind. Nehmen Sie einen ranzigen Geruch wahr, lassen Sie die Öle zurückgehen. Manche Apotheken lagern die Naturstoffe in einem separaten dunklen und kühlen Raum. Dort sind sie richtig verwahrt.

Wenn Sie die Hanfkosmetik selbst herstellen möchten, sollten Sie unbedingt darauf achten, daß alle verwendeten Teile wirklich sauber und frei von Speiseresten, den Brutstätten für Bakterien, sind. Am besten, Sie stellen Ihre Kosmetikausrüstung in Ihrer Küche zusammen und benutzen diese Geräte ausschließlich für die Herstellung Ihrer Pflegeprodukte.

Hygiene bei der Herstellung:
- Alle Gerätschaften sollten vor Beginn der Arbeit sauber sein.
- Alle Teile werden mit kochendem Wasser übergossen zur Desinfektion. Besser noch ist es, wenn Sie alle Gerätschaften in einen Topf mit kochendem Wasser legen. Verwenden Sie bitte keine zusätzlichen chemischen Desinfektionsmittel. Es sollen ja naturbelassene Kosmetika hergestellt werden.

Haltbarkeit und Lagerung
der Eigenprodukte

Der Vorteil natürlicher Kosmetika ist zugleich ihr einziger Nachteil: die Frische bringt eine begrenzte Haltbarkeit mit sich. Der Verzicht auf künstliche Konservierungsstoffe ist zweifellos ein großer Gewinn für Ihre Haut. Die selbstgemachten Produkte sind nicht unbegrenzt haltbar und sollten daher nur in den für ca. einen Monat benötigten Mengen hergestellt werden.

Für alle frischen Pflegeprodukte gilt:
● Selbst oder in der Apotheke angerührte Kosmetika sollten am besten im Kühlschrank aufbewahrt werden, zumindest aber an einem kühlen und dunklen Platz.
● Die Haltbarkeit dieser Naturprodukte ist begrenzt, da sie ja keine künstlichen Konservierungsstoffe enthalten.
● Am besten ist, die Kosmetik innerhalb eines Monats aufzubrauchen. Hanföl selbst bleibt zwar gute sechs Wochen frisch, aber es hat vermutlich vor der Verarbeitung schon ein paar Tage im Regal zugebracht.

Falls Sie ein Produkt etwas länger im Kühlschrank lagern und es noch frisch riecht, ist es noch verwendbar. Macht sich jedoch ein leicht ranziger Geruch bemerkbar oder finden sich gar kleine Schimmelpilze, dann sofort weg damit.

Hauttypen und Haarstrukturen

Der größte Irrglaube ist, daß jeder Mensch unabänderlich von der Geburt bis zum Tod einen bestimmten Hauttyp hat. Die Haut, das größte Organ des Menschen, verändert sich ständig mit den Lebensumständen. Nicht nur in Jugend und Alter haben wir eine verschiedene Hautstruktur, sondern möglicherweise auch während verschiedener Jahreszeiten.

Eßverhalten, Schlafmenge, Krankheiten, Gemütszustände oder körperliche Bewegung beeinflussen unsere Hautstruktur.

Das beste Rezept für eine gesunde Haut beginnt mit einer gesunden Lebensführung:

- Gesunde Ernährung führt der Haut von innen die notwendigen Bausteine für den gesunden Erhalt zu.
- Viel Bewegung fördert und erhält die Durchblutung.
- Frische Luft erhöht die Sauerstoffzufuhr und dient der Entschlackung.
- Genügend Schlaf gewährleistet die nötige Regenerationsphase für den gesamten Organismus und somit auch für die Haut. Der sprichwörtliche Schönheitsschlaf erlaubt den Hautzellen,die innere Säuberung vollständig durchzuführen.

Doch trotz gesunder Lebensführung ist die Haut beständig der Witterung und den Umwelteinflüssen ausgesetzt. Kaum ein Teil des menschlichen Körpers wird so beansprucht wie die Gesichtshaut. Ungeschützt ist das Gesicht ständig der Luftverschmutzung und Witterung ausgeliefert. Hinzu kommt, daß Make-up und ein hektischer Alltag die Gesichtshaut zusätzlich belasten. Doch mit den folgenden Kosmetikprodukten können Sie vieles wieder ausgleichen und Ihre Haut positiv unterstützen.

Stellen Sie als erstes fest, welcher Haut- oder Haartyp Ihrem momentanen Zustand am nächsten kommt. Der Haut- oder Haartyp kann sich nach einiger Zeit ändern, sei es durch die Anwendung der Naturprodukte, eine geänderte Lebensführung oder einen Witterungswechsel.

Überprüfen Sie am besten vor jeder Herstellung von Kosmetika, ob Ihr Haut- oder Haartyp noch stimmt.

Normale Haut

Das gesunde Hautbild wird üblicherweise mit »normaler Haut« bezeichnet. Viel mehr Menschen haben im Grunde eine normale Haut, als auf den ersten Blick vermutet wird. Eine Abweichung von diesem Typ ist oftmals auf falsche Pflege zurückzuführen.

Hautbild
- Einheitliches Erscheinungsbild, weder trockene noch fettige Stellen.
- Feinporig, weich, gut durchblutet.
- Keine Mitesser.
- Keine erweiterten Poren.
- Bis zum Alter von 30: straff, leicht rosa gefärbte Wangen.
- Nach dem 30. Lebensjahr: natürliche leichte Locke-

rung der Hautoberfläche durch Abbau des unteren Fettgewebes, leichte Trockenheit in diesem Lebensabschnitt ist normal.

Alles, was den Säureschutzmantel der Hautoberfläche zerstört, kann zu einer Veränderung des Hauttyps führen. Wäscht man beispielsweise das Gesicht mit Wasser und normaler Seife, wirken die alkalischen Substanzen zerstörend auf den Säuremantel. Es dauert ca. sechs Stunden, bis der Körper den Schutzschild wieder aufgebaut hat. Hartes Wasser hat einen ähnlich zerstörerischen Effekt wie Seife. Deshalb sollte lieber gefiltertes Wasser benutzt werden.

Für das Gesicht sollte nur neutrale Seife verwendet werden, und noch besser wäre ein Gesichtswasser zur Reinigung.

Pflegetip
- *Morgens und abends:* Reinigungsmilch und/oder Gesichtswasser (besonders, wenn Make-up getragen wird).
- *Tagsüber:* Feuchtigkeitscreme, ohne großen Fettanteil (gerade bei Make-up sollte eine Feuchtigkeitscreme als Untergrund aufgetragen werden).
- *Nachts:* Üblicherweise dieselbe Feuchtigkeitscreme wie tagsüber. Ist das Gesicht durch Witterungseinflüsse, wie Hitze, Kälte oder Großstadtluft, besonders strapaziert, kann nachts auch eine fetthaltigere Creme verwandt werden, um einer eventuellen Trockenheit vorzubeugen.
- In regelmäßigen Abständen tut eine Packung oder ein

Kräuterdampfbad der Haut gut. Diese Extrakur können Sie sich einmal in der Woche oder alle zwei Wochen gönnen.

Trockene Haut

Das Problem trockener Haut tritt häufig mit zunehmendem Alter auf. Aber auch falsche Pflege führt schnell zu einer übermäßigen Austrocknung des oberen Hautgewebes. Mit einer entsprechenden Behandlung durch natürliche Pflegeprodukte konnte häufig eine Rückkehr zur normalen Haut erzielt werden.

Da die Hautbeschaffenheit anteilig erblich ist, kann die trockene Haut jedoch auch zum lebenslangen Problem werden. Durch die entsprechende Pflege kann eine frühzeitige Faltenbildung verhindert werden.

Hautbild
- Oberflächenspannung wird oftmals als Ziehen oder Brennen der Haut empfunden.
- Leichte Anrauhung der Oberfläche.
- Zeitweilige Schüppchenbildung auf der Gesichtshaut.
- Entzündliche Stellen, oft begleitet durch Schuppung.
- Rötungen besonders bei Witterungswechsel.
- Geplatzte Äderchen, vorzugsweise auf den Wangen und an den Nasenflügeln.
- Fleckiges Aussehen der Gesichtshaut durch rote gereizte Stellen.
- Insgesamt Neigung zur rasch fortschreitenden feinen

Faltenbildung kombiniert mit einer stetigen Pergamentisierung der Hautoberfläche.

- Empfindliche Reaktion der Haut auf Witterungseinflüsse.
- Vor dem 20. Lebensjahr ist das Erscheinungsbild der Gesichtshaut feinporig, glatt, rein und zart. Eine rosige Wangendurchblutung und die Reinheit der Haut lassen bildlich gesprochen ein »Porzellangesicht« erscheinen.
- Ab dem 20. Lebensjahr tritt die Veranlagung zur trockenen Haut in Erscheinung. Die Haut wird stetig dünner bis pergamentartig. Die Neigung zu verstärkter Faltenbildung wird sichtbar.

Die echte, sprich angeborene, trockene Haut wird nicht genügend von innen mit körpereigenen Fetten versorgt. Dies ist auf eine Unterfunktion der Talgdrüsen zurückzuführen. Durch den zu dünnen Fettfilm auf der äußeren Haut verdunstet vermehrt Feuchtigkeit und beschleunigt so zusätzlich den Austrocknungsprozeß.

Ein verbreiteter Fehler in der Pflege trockener Haut ist, immer größere Mengen fetter Cremes aufzutragen. Die ohnehin weniger aktiven Talgzellen werden hierdurch noch passiver, und die Austrocknung schreitet fort!

Die natürliche Pflege trockener Haut sollte deshalb aus verstärkter Feuchtigkeitszufuhr und Aktivierung der eigenen Talgdrüsen bestehen.

Pflegetip
- Nicht mit Wasser und Seife waschen! Auch nicht mit neutralen oder Babyseifen.

- *Morgens und abends:* Gründliche Reinigung, auch vom Make-up, mit milder Reinigungsmilch. Nachreinigung und Beruhigung durch mildes Gesichtswasser.
- *Tagsüber:* Feuchtigkeitscreme. Bei Kälte kann auch eine etwas ölhaltigere Creme benutzt werden. Wer in klimatisierten Räumen, also in trockener Luft, arbeitet, sollte zwischendurch erneut Feuchtigkeitscreme auftragen.
- *Nachts:* Nach der Reinigung kann um die Augen, dort ist die Faltenbildung am stärksten, Hanföl aufgetragen werden. Nach einer Viertelstunde Einwirkzeit den Rest des Öls mit Kosmetiktüchern vorsichtig abtupfen.
- Für die Nacht empfiehlt sich eine ölhaltige Nachtcreme.
- Wöchentliche oder tägliche Gesichtsbäder mit frischer Sahne oder Milch.
- Kräuterkompressen mit Körpertemperatur, keine heißen Dampfbäder oder kalte Waschungen!
- Zwischendurch frische Packungen und Masken.
- Lebertran, in Kapselform eingenommen, wirkt von innen anregend auf die Talgdrüsen.

Mischhaut

Da bei einer Mischhaut zwei verschiedene Hautstrukturen in einem Gesicht vorkommen, ist die Pflege nicht immer ganz leicht. Was dem einen Gesichtsteil gut tut, ist unter Umständen für den anderen schädlich. Daher ist es für die Mischhaut besonders wichtig, die einzelnen Gesichtsfelder genau nach ihrer Beschaffenheit zu bestimmen.

Als hilfreich hat sich erwiesen, die eigenen Ernährungs-
und Lebensgewohnheiten zu überprüfen, um durch eine
Änderung unter Umständen eine Verbesserung der Haut
herbeizuführen. Frische vollwertige und vitaminreiche
Kost hat schon so manche Hautprobleme gelöst.

Hautbild
- Die *trockene/fettige* Mischhaut weist meist an Kinn,
  Nase und/oder Stirn besonders fettige Stellen auf, wo
  sich häufig Pickel oder Mitesser finden.
- Hingegen ist die Augenpartie oft trocken bis schuppig
  und neigt zur Fältchenbildung.
- Es können durch Trockenheit geplatzte kleine Äder-
  chen auf den Wangen vorkommen, parallel zu Haut-
  unreinheiten auf anderen Gesichtspartien.
- Die *normale/fettige* Mischhaut ist der etwas seltenere
  Typ dieser Hautstruktur. Ebenfalls sind meist Kinn,
  Nase und/oder Stirn fetthaltig und neigen zu Hautunreinheiten, wie Pickeln oder Mitessern.
- Die anderen Gesichtspartien wirken zwar im Vergleich
  trockener, weisen aber weder Schuppung noch Rötungen auf. Dies zeigt, daß es sich um Hautfelder normaler
  Struktur handelt.

Um eine effektive Pflege für die Mischhaut zu erreichen,
steht zunächst die Analyse der verschiedenen Gesichtspartien im Vordergrund. Untersuchen Sie Ihr Gesicht
genau, um die Beschaffenheit kennenzulernen.

Besonders die trockene/fettige Mischhaut kommt häufig vor, wobei in Pubertät und Menopause diese Erschei-

nung auf die Hormonumstellung zurückzuführen ist. In diesen Lebensabschnitten ändert sich die Hautstruktur nach der hormonellen Umstellung wieder.

Pflegetip

- Das Waschen mit Wasser und Seife sollte möglichst vermieden werden. Es schadet zwar den fetten Stellen nicht, greift aber unter Umständen die trockenen oder normalen Hautfelder an.
- *Morgens und abends:* Reinigung des gesamten Gesichts mit einer milden Reinigungsmilch.
- *Täglich:* Nach der Reinigung empfiehlt sich ein Gesichtswasser, welches das Austrocknen verhindert und zugleich antiseptisch für die fettigen Stellen wirkt, wie beispielsweise Kamillentee oder Hamameliswasser.
- *Tagsüber:* Besonders bei trockener/fettiger Mischhaut ist es ratsam, zwei verschiedene Cremes zu benutzen, eine Creme für fettige und eine für trockene Haut, und die verschiedenen Gesichtsfelder getrennt einzucremen.
- *Nachts:* Ebenso wie für die Tagespflege wären zwei verschiedene Cremes für die Mischhaut angebracht. Die Hautfelder gesondert behandeln.
- Optimal wäre, wenn Gesichtsmasken aus zwei unterschiedlichen Rezepten zusammengestellt würden. Eine Maske für die fettigen Stellen und eine andere Mischung für die trockenen oder normalen Hautfelder.
- Falls die Zweiteilung der Masken zu umständlich ist, können Masken und Kompressen für trockene Haut auf das ganze Gesicht aufgetragen werden.

Fettige bis unreine Haut

Bei fettiger Haut sondern die Talgdrüsen zuviel Fett ab, was einerseits zwar eine ständige Schutzschicht der Haut garantiert, andererseits jedoch auch die Poren verstopft und zu Hautunreinheiten führt.

Hautbild
- Die Haut ist dick und schlecht durchblutet.
- Um die Augen herum ist die Haut oft zart und dünner.
- Erweiterte und verstopfte Poren, besonders in den fettreichen Regionen des Gesichts (Kinn, Wangen, Nase, Stirn).
- Mitesser und Pickel, besonders auf der Nase und um sie herum.
- Die verstopften Poren können in extremen Fällen zu Akne und Ekzemen führen.
- Vorsicht: Auch bei fettiger Haut können – außerhalb der fettreichen Regionen des Gesichts – trockene schuppige Stellen auftreten. Dies könnte zu einer Verwechslung mit der Mischhaut führen (Signifikant für fettige Haut sind die großen Poren).

Wie bei der trockenen Haut, gilt es auch bei der fettigen Haut, die Aktivität der Talgdrüsen auf ein Normalmaß zu bringen. Ebenso wie trockene Haut kann die fettige Haut vielfach durch falsche Pflege oder ungesunde Lebensführung erworben sein. Dennoch spielt auch hier die Vererbung oft eine Rolle. Zur Pflege der fettigen Haut ist die ständige Reinigung der ausschlaggebende Faktor. Die Poren sollten gründlich von Fett und Schmutz befreit werden, damit keine Pickel oder Porenverstopfungen entstehen können.

Pflegetip

- Fettige Haut kann mit Wasser und Seife gereinigt werden, außer es sind auch trockene Stellen vorhanden.
- *Morgens und abends:* Die Reinigungsmilch sollte ölhaltig sein (auch zur Entfernung von Make-up).
- Nachreinigung mit Gesichtswasser, zu dessen Bestandteilen Alkohol oder Zitrone gehören sollten. Entzündungshemmend und auf die Poren verengend wirken Kampfer oder Hamamelis als Zusätze.
- Tägliches Trockenbürsten mit einer weichen Gesichtsbürste soll ebenfalls zu einer Normalisierung der Talgdrüsenproduktion beitragen.
- *Tagsüber:*Feuchtigkeitsmilch sparsam auftragen. Die Haut soll lernen, sich selbst zu regulieren.
- *Nachts:* Nach der gründlichen Reinigung kann bei Bedarf dieselbe Feuchtigkeitscreme wie tagsüber benutzt werden. An manchen Tagen (beispielsweise an jedem zweiten Tag) sollte die fettige Haut ohne zusätzliche Cremes über Nacht bleiben.
- Jeden dritten Tag kann eine nährende Nachtcreme angewandt werden.
- Wöchentliche oder häufigere Gesichtsdampfbäder und desinfizierende Packungen oder Masken tragen zur Reinheit der Haut bei.
- Bei ausgeprägt fettiger Haut sollten die Ernährungsgewohnheiten überprüft werden. Häufig bewirkt eine

Umstellung auf gesunde Kost wahre Wunder für die Hautstruktur.

Oftmals wird durch falsche Pflege, nämlich vorwiegend entfettende Behandlung, das Problem der fettigen Haut noch verstärkt. Wird ständig das Fett von der Gesichtsoberfläche entfernt, werden die Talgdrüsen zu noch größerer Aktivität angeregt. Ein Teufelskreislauf durch falsche Pflege! Genau das Gegenteil würde helfen: Durch abwechselnden Gebrauch feuchtigkeitsspendender und fetthaltiger Naturmittel wird den Talgdrüsen signalisiert, daß bereits genügend Feuchtigkeit und Fett auf der Oberfläche vorhanden sind. Dies könnte die Aktivität der Talgdrüsen eher normalisieren als pausenloses radikales Entfetten.

Normales Haar

Durch das häufiges Waschen und Fönen ist kaum noch durchgängig normales Haar zu finden. Dennoch gibt es diesen problemlosen Haartyp.

Erscheinungsbild
- Normales Haar hat einen seidigen Glanz und fällt locker und weich, ohne zu fliegen.
- Die Kopfhaut ist schuppenfrei, spannt nicht, juckt nicht und macht sich auch sonst in keiner Weise bemerkbar.
- Erst nach ungefähr fünf bis sieben Tagen tritt bei normalem Haar am Haaransatz eine leichte Fettung auf. Das herunterhängende Haar ist niemals fettig oder trocken.

Wer normales Haar hat, sollte sich glücklich schätzen und es erhalten. Die Kopfhaut sollte nicht unnötig durch scharfe Shampoos oder zu häufiges Waschen gereizt werden. Häufiges Fönen oder gar die Trockenhaube sollten möglichst gemieden werden. Es gibt viele schicke Frisuren, die problemlos an der Luft getrocknet werden können.

Pflegetip

- Eine Haarwäsche einmal in der Woche ist in der heutigen Zeit vermutlich eine Illusion. Doch zweimaliges Waschen in der Woche sind durchaus ausreichend für normales Haar.
- Eine Kräuterspülung nach dem Waschen gewährleistet, daß der austrocknende Kalk aus dem Wasser entfernt wird.
- Eine wöchentliche Packung tut auch dem normalen Haar gut.
- Bei längerem Haar empfiehlt sich das Einölen der Spitzen mit Hanföl, um Spliß vorzubeugen. Vor dem Waschen werden die Spitzen mit Hanföl behandelt. Das Öl sollte mindestens eine Viertelstunde vor der Wäsche einwirken.

Trockenes Haar

Trockene Kopfhaut tritt oft zusammen mit trockener Gesichtshaut auf, besonders wenn diese Hautstruktur auf Erbanlagen zurückzuführen ist. Vielfach sind auch falsche Ernährung und Lebensgewohnheiten, längerer Aufenthalt in der Sonne, in klimatisierten Räumen oder gar Krankheiten die Ursache für trockene Kopfhaut. Eine gesunde vollwertige Ernährung kann von innen heraus den Haarwurzeln die Substanzen liefern, die sie für den Aufbau einer normalen Haarstruktur benötigen. Dennoch gibt es unterstützende Naturkosmetika, welche das Haar auch von außen pflegen können.

Erscheinungsbild
- Die Kopfhaut spannt oft unangenehm, besonders beim Trocknen nach der Haarwäsche.
- Juckreiz und Brennen auf der Kopfhaut.
- Häufig gibt es bei trockenem Haarboden trockene Schuppen. Der berüchtigte Schnee rieselt unaufhörlich aus dem Haar.
- Das Haar ist insgesamt spröde bis strohig und schlecht zu formen.

Pflegetip
- Wenn die Talgdrüsen zu wenig Fett absondern, können Maßnahmen, welche die Durchblutung fördern, helfen.
- Tägliches intensives Bürsten (Naturborsten!) und/oder eine Kopfmassage mit den Fingerspitzen regen die Durchblutung an.
- Bei trockenem Haar ist hartes Leitungswasser ein Problem. Wer sich die Mühe machen möchte und seinem Haar etwas besonders Gutes tun will, der kocht das Waschwasser vorher ab.
- Ansonsten dient eine Kräuterspülung nach der Haar-

wäsche demselben Zweck: der Entfernung des austrocknenden Kalks.

- Für trockenes Haar gilt: Ein Shampoo, das viel schäumt, entfettet zu sehr und ist ungeeignet. Ölhaltige Waschsubstanzen sind besser für diese Haarstruktur.
- Natürlich sollte das Haar immer gewaschen werden, wenn es schmutzig und/oder unansehnlich ist. Aber die tägliche Haarwäsche ist gerade für trockenes Haar eine große Belastung. Besser wäre es, sich nur jeden zweiten oder dritten Tag die Haare zu waschen.
- Wenn möglich, sollte auf das austrocknende Fönen verzichtet werden. Auch luftgetrocknetes Haar ist schön.
- Spitzenbehandlung mit Hanföl oder eine wöchentliche Ölkur für den gesamten Kopf sind ein wunderbares Hilfsmittel.

Fettiges Haar

Meist gehen fettige Kopfhaut und fettige Gesichtshaut Hand in Hand. Auch für die Kopfhaut gilt: Eine übermäßige Entfettung kann unter Umständen die Talgdrüsen zu einer noch größeren Produktion reizen.

Erscheinungsbild
- Durch die Überproduktion an Fett bildet sich ein fast undurchlässiger Fettfilm auf der Kopfhaut. Durch das aufliegende Haar und die Fettschicht schwitzt die Kopfhaut leicht.

- Es bilden sich fettige Schuppen, die in den Haaren kleben bleiben.
- Kurz nach dem Waschen sieht das Haar bereits wieder fettig aus und fällt in fettigen Strähnen, manchmal schon nach einem halben Tag.
- Teilweise können sich sogar Entzündungen oder Ekzeme bilden. Da die Poren durch den Talg oft verstopft sind, sind Pickel an den Haaransätzen bei fettigem Haar keine Seltenheit. (Bei starken Hautirritationen sollte jedoch ein Hautarzt aufgesucht werden.)

Bei fettigem Haar ist es besonders wichtig, auf die Sauberkeit zu achten. Durch die übermäßige Fettproduktion können sich schnell Hautunreinheiten bilden, und Bakterien haben ein leichtes Spiel. Eine konsequente Hygiene kann jedoch schnell Erleichterung für dieses Haarproblem schaffen.

Pflegetip
- Im Gegensatz zu trockenem Haar sollte das fettige Haar oft gewaschen werden. Tägliches Waschen schadet dem Haar keineswegs. Auch gegen morgendliches und abendliches Waschen ist nichts einzuwenden.
- Der Haarboden sollte stets desinfiziert sein, damit sich in den Talgablagerungen keine Bakterien einnisten können.
- Schwefelhaltige Shampoo-Sorten (am besten aus der Apotheke) sind besonders gut geeignet.
- Weiches Waschwasser ist auch für fettiges Haar gut. Es genügt, dem Waschwasser etwas Borax zuzufügen, um

den Kalk zu binden. So werden Rückstände auf der Kopfhaut vermieden, die die Talgdrüsen zur weiteren Überproduktion reizen.

- Eine Kräuter- oder Zitronenwasserspülung sollte die Haarwäsche abschließen.
- Ein Haarwasser kann zur Beruhigung der Kopfhaut verwandt werden.
- Pflegende und antiseptische Packungen können einmal in der Woche gute Dienste tun.

Rezeptteil
für Kosmetika

Im folgenden Rezeptteil finden Sie Naturkosmetika mit Hanföl oder Hanfsamen für jeden Haut- oder Haartyp. Die entsprechenden Produkte können Sie nach Ihren individuellen Bedürfnissen zusammenstellen.

Falls Sie einen besonderen Lieblingsduft haben, können Sie diesen Ihren selbstgemachten Pflegeprodukten hinzufügen. Ein oder zwei Tropfen eines natürlichen Duftöls kann beispielsweise der täglichen Hautcreme kurz vor Ende des Rührvorgangs beigemischt werden.

Sie sollten jedoch darauf achten, daß es sich nicht um synthetische Duft- oder Aromaöle handelt. Ein Tropfen Lavendel- oder Mangoöl macht so die tägliche Pflege auch zum Genuß für die Nase.

Für die optimale Pflegefolge von Gesicht und Haar kann nach diesem Standardmuster verfahren werden:

Gesichtspflege:
- Reinigungsmilch.
- Gesichtswasser.
- Tagescreme, Nachtcreme.
- Gelegentliche Packungen, Masken, Kompressen oder eventuell Dampfbäder.

Haarpflege:
- Geeignetes Shampoo für den entsprechenden Haartyp.
- Spülung.
- Gelegentliche Packungen oder Kuren.

Falls bei der eigenen Herstellung die Bestandteile einmal nicht ganz glatt verrührt werden, sich Klümpchen bilden oder getrennte Schichten ergeben, können Sie folgendes zur Rettung der Produkte tun:
- Die gesamte Mischung noch einmal auf das Wasserbad (70° C) geben und erneut schmelzen.
- Dann mit dem Mixer verrühren, bis sich eine glatte Masse ergibt.
- Danach den Topf aus dem Wasserbad nehmen und weiterrühren, bis die Mischung erkaltet ist.

Körperpflege

Waschgels

Obwohl das tägliche Duschen aus unserem Alltag nicht mehr wegzudenken ist, bedeutet es eine arge Strapaze für die Körperhaut. Jede Waschsubstanz wirkt mehr oder weniger entfettend auf die Haut. Der Säureschutzmantel wird zerstört und hat sich erst nach ca. sechs Stunden wieder regeneriert. Obwohl pH-neutrale Waschgels besser sind als normale alkalische Seifen, sind auch sie ein Angriff auf die Haut. Einige Firmen stellen bereits Waschgels mit einem pH-Wert von 5,5 her, da dieser Wert exakt dem leicht säuerlichen pH-Wert der Haut entspricht. Die Säuren, um die es hier geht, sind die hauteigenen Fettsäuren, die einen Schutzfilm gegen Bakterien und Viren auf der Hautoberfläche bilden. Waschen wir diesen Schutzmantel weg, ist die Haut nicht nur angreifbarer, sondern auch die Wärmeregelung des Körpers über die Hautoberfläche wird vorübergehend gestört.

- Für *fettige Haut* ist ein normales Duschgel kein großes Problem, da die entfettende Wirkung sogar wünschenswert sein kann.
- Bei *normaler* oder *trockener Haut* ist ein Duschgel mit dem pH-Wert 5,5 zu empfehlen. Es sollten jedoch nicht zu viele Zusätze darin enthalten sein. Am besten, Sie lassen sich über ein möglichst reines Produkt in einer Apotheke oder einem Naturladen beraten.
- Bei besonders trockener Haut kann schon das Waschen mit dem Pflegen verbunden werden. Geben Sie in Ihr Waschgel (pH-Wert 5,5!) ein wenig Hanföl, und schütteln Sie es gut durch. So wird die Haut beim Duschen schon ein bißchen vorgefettet.

Badezusätze

Um die Haut nicht zu sehr zu belasten, empfiehlt es sich, nicht länger als 15 bis 20 Minuten in der Wanne zu verbringen!

Die Zugabe von einem Teelöffel Borax in das Bad macht das Wasser weicher und dadurch angenehmer für die Haut.

Normale Haut

Für die normale Haut empfiehlt sich hin und wieder ein Milchbad.

- Drei bis vier Liter Milch ergeben ein Pflegebad vom Feinsten. Diese einfache Anwendung kommt Kleopatras Schönheitsbad in Eselsmilch ziemlich nahe.
- Falls durch besondere Belastungen, wie Kälte, Hitze oder viel Sonne, die normale Haut an Ellbogen oder Fußgelenken vorübergehend einige trockene Stellen aufweist, können diese vor dem Bad mit Hanföl eingerieben werden.

Trockene Haut

Bei trockener Haut sollten Sie möglichst gänzlich auf Schaumbäder verzichten. Die Haut wird durch die zusätzliche Entfettung zu sehr belastet.

Ein wunderbares Pflegebad für trockene Haut ist folgendes Rezept.

Das Buttermilch-Hanföl-Bad

- Drei bis vier Liter Buttermilch oder auch normale Frischmilch werden in das heiße Wannenwasser gegossen.
- Vor dem Besteigen der Wanne wird der ganze Körper mit Hanföl eingerieben. Das Öl etwas einziehen lassen und danach geölt in das Buttermilchbad legen.

Diese Kombination ist eine echte Kur für die trockene Körperhaut. Sie können dieses Bad durchaus einmal die Woche nehmen. Besonders, wenn Ihre Haut zusätzlichen

Belastungen wie Kälte, Hitze oder Sonne ausgesetzt war, tut das Milch-Hanföl-Bad wahre Wunder.

Fettige Haut
Für die fettige Haut kommen Milch-Hanföl-Bäder leider nicht in Frage. Es bietet sich ein entfettendes Zitronenbad als einfache Maßnahme an.

- Der Saft von fünf bis sechs frisch ausgepreßten Zitronen reinigt und entfettet die Haut.
- Ein Bad mit einem Liter Essig tut für die fettige Haut ebenfalls gute Dienste. Um den etwas unangenehmen Geruch zu überdecken, kann zugleich Zitronensaft hinzugefügt werden oder ein Duftwasser.

Körperöle und Lotionen

Nach dem Bad oder nach dem Duschen ist die Haut besonders aufnahmefähig für pflegende Substanzen. Eines der besten Öle für die Körperpflege ist reines Hanföl. Es steht Avocado- oder Mandelöl in nichts nach.

Fettige Haut
Bei diesem Hauttyp empfiehlt es sich meist nicht, nach dem Waschen eine Lotion oder gar ein Öl aufzutragen.

- Ist die Haut auf dem Wege zur Normalisierung, kann hin und wieder die Hanf-Körperlotion verwandt werden (etwa ein- oder zweimal in der Woche).

Normale und trockene Haut

- Kaufen Sie ein 200- oder 250-ml-Fläschchen frisches Hanföl. Damit können Sie den ganzen Körper, besonders nach dem Baden, einölen. Was nach einer Viertelstunde nicht eingezogen ist, kann mit Kosmetiktüchern vorsichtig abgetupft werden.

- Auch die Mischung von einer Hälfte Hanföl mit einer Hälfte süßem Mandelöl ist ein bewährtes Pflegeöl für die trockene oder beanspruchte Haut.

Die Pflege mit Hanföl ist für das schnelle morgendliche Duschen meist nicht sehr praktisch, da das Öl erst eine Viertelstunde einziehen sollte. Doch für die Pflege nach einem entspannenden Bad am Abend ist das Hanföl eine Wohltat.

Für den täglichen Gebrauch nach dem Duschen eignet sich die schnell einziehende Hanf-Körperlotion besser.

Hanf-Körperlotion

- 100 ml Rosenwasser oder Orangenblütenwasser
- 50 g Hanföl
- 12 g Stearinsäure
- 6 g Lanolin
- 4 g Triäthanolamin
- 4 Tropfen Benzoetinktur

Wasserbad: Reichlich Wasser in einem Topf erwärmen. Zur Cremeherstellung sollte die Temperatur nicht höher als 70 bis 80° C sein. Auf das erwärmte Wasser wird ein hoher Plastiktopf gesetzt. Das Hanföl wird in den Plastiktopf gegossen und das Lanolin und die Stearinsäure hinzugefügt. Durch die Wärme und das Rühren mit einem kleinen Holzlöffel verschmelzen die Substanzen zu einer Fettflüssigkeit. Jetzt wird die Hälfte des Rosenwassers oder Orangenblütenwassers in einem anderen kleinen Topf mit dem Triäthanolamin vermischt. Das Wassergemisch wird nun in kleinen Portionen unter ständigem Rühren mit einem Holzlöffel dem Fett zugefügt. Nach jeder Zugabe des Wassergemischs muß die Lotion glatt verrührt werden. Ist das Wassergemisch vollständig eingerührt, wird die zweite Hälfte des Rosenwassers oder des Orangenblütenwassers genommen. Hiervon rühren Sie so viel in die Lotion hinein, bis Ihnen die Konsistenz gefällt. Manche mögen die Lotion dickflüssig, manche etwas dünnflüssiger. Dies können Sie mit der zweiten Hälfte des Wassers selbst bestimmen.

Gesichtspflege

Reinigungsmilch

Reinigungsmilch wird zur täglich Säuberung auf Hals und Gesicht aufgetragen. Für die Entfernung von Make-up ist Reinigungsmilch ebenfalls geeignet. Falls Sie einmal für einen besonderen Anlaß Ihr Dekolleté pudern oder mit Make-up versehen, sollte die Reinigungsmilch auch dort angewandt werden.

- Mit leichten kreisenden Bewegungen von unten nach oben auftragen.
- Mit reichlich lauwarmem Wasser abspülen.
- Danach möglichst ein Gesichtswasser anwenden.

Normale Haut

Hanf-Kakaobutter-Reinigungsmilch
- 30 g Hanföl
- 30 ml destilliertes Wasser
- 15 g Walrat
- 7,5 g Kakaobutter

Wasserbad: Reichlich Wasser in einem Topf erwärmen. Die Temperatur sollte nicht höher als 70 bis 80° C sein. Auf das erwärmte Wasser wird ein hoher Plastiktopf gesetzt. Das Hanföl wird in den Plastiktopf gegossen, Walrat und die Kakaobutter hinzugefügt. Durch die Wärme und das Rühren mit einem kleinen Holzlöffel verschmelzen die Substanzen zu einer Fettflüssigkeit. Jetzt wird das destillierte Wassers in einem anderen kleinen Topf auf die gleiche Temperatur erwärmt und nach und nach unter ständigem Rühren mit dem Mixer dem Fctt zugefügt. Ist das Wasser vollständig eingerührt, wird die Reinigungsmilch bis zum Erkalten weiter gerührt. Manche mögen die Reinigungsmilch dickflüssig, manche etwas dünnflüssiger. Die Konsistenz können Sie mit der Wassermenge selbst regulieren.

Trockene Haut

Hanf-Kamillen-Reinigungsmilch
- 100 ml destilliertes Wasser
- 35 g Hanföl
- 10 g Kakaobutter
- 8 g Cetylalkohol

- 5 g Walrat
- 3 g Tween 80 (Emulgator)
- 30 Tropfen Kamillentinktur (Kamillosan)

Wasserbad: Reichlich Wasser in einem Topf erwärmen.
Die Temperatur sollte nicht höher als 70 bis 80° C sein. Auf
das erwärmte Wasser wird ein hoher Plastiktopf gesetzt.
Das Hanföl wird in den Plastiktopf gegossen, Walrat, Cetylalkohol und die Kakaobutter hinzugefügt. Durch die
Wärme und das Rühren mit einem kleinen Holzlöffel
verschmelzen die Substanzen zu einer Fettflüssigkeit, der
zuletzt der Emulgator Tween 80 hinzugefügt wird. Jetzt
wird das destillierte Wassers zusammen mit der Kamillentinktur in einem anderen kleinen Topf auf die gleiche
Temperatur erwärmt. Das Kamillenwasser wird nun all-
mählich unter ständigem Rühren mit dem Holzlöffel der
Fettmischung hinzugefügt. Ist das Wasser vollständig eingerührt, wird die Reinigungsmilch bis zum Erkalten weiter
gerührt. Manche mögen die Reinigungsmilch dickflüssig,
manche etwas dünnflüssiger. Die Konsistenz können Sie
mit der Wassermenge selbst regulieren.

Fettige Haut

Hanf-Hamamelis-Reinigungsmilch
- 30 g Hanföl
- 30 g Hamameliswasser
- 8 g Walrat
- 6 g Bienenwachs
- ½ g Borax

Wasserbad: Reichlich Wasser in einem Topf erwärmen. Die Temperatur sollte nicht höher als 70 bis 80° C sein. Auf das erwärmte Wasser wird ein hoher Plastiktopf gesetzt. Das Hanföl wird in den Plastiktopf gegossen, Walrat und das Bienenwachs hinzugefügt. Durch die Wärme und das Rühren mit einem kleinen Holzlöffel verschmelzen die Substanzen zu einer Fettflüssigkeit. Jetzt wird das Hamameliswasser zusammen mit dem Borax in einem anderen kleinen Topf auf die gleiche Temperatur erwärmt und vorsichtig unter ständigem Rühren mit dem Mixer der Fettmischung zugefügt. Ist das Wasser vollständig eingerührt, wird die Reinigungsmilch bis zum Erkalten weiter gerührt. Manche mögen die Reinigungsmilch dickflüssig, manche etwas dünnflüssiger. Die Konsistenz können Sie mit der Wassermenge selbst regulieren.

Mischhaut
Für die problematische Mischhaut kann die Reinigungsmilch für normale Haut verwendet werden. Dennoch gibt es eine Reinigungsmilch, die von jeder Mischhaut gut vertragen wird.

Hanf-Arnika-Reinigungsmilch
- 60 ml destilliertes Wasser
- 30 g Hanföl
- 10 g Stearinsäure
- 5 g Cetylalkohol
- 3 g Triäthanolamin
- 2 g Walrat
- Bienenwachs
- 30 Tropfen Arnikatinktur

Wasserbad: Reichlich Wasser in einem Topf erwärmen. Die Temperatur sollte nicht höher als 70 bis 80° C sein. Auf das erwärmte Wasser wird ein hoher Plastiktopf gesetzt. Das Hanföl wird in den Plastiktopf gegossen, Walrat, Bienenwachs, Stearinsäure und Cetylalkohol hinzugefügt. Durch die Wärme und das Rühren mit einem kleinen Holzlöffel verschmelzen die Substanzen zu einer Fettflüssigkeit. Jetzt wird das destillierte Wasser mit dem Triäthanolamin in einem anderen kleinen Topf kalt vermischt. Das Wasser wird nun jeweils in kleinen Mengen unter ständigem Rühren mit dem Holzlöffel der Fettmischung zugefügt. Vor jeder neuen Wasserzugabe muß das Gemisch vollständig glatt gerührt sein. Zum Schluß wird die Arnikatinktur der Reinigungsmilch beigemischt und verrührt. Manche mögen die Reinigungsmilch dickflüssig, manche etwas dünnflüssiger. Die Konsistenz können Sie mit der Wassermenge selbst regulieren.

Gesichtswasser

Ein Gesichtswasser dient einerseits der porentiefen Nachreinigung und andererseits der Beruhigung der Gesichtshaut. Durch das Gesichtswasser wird die Haut zugleich aufnahmefähig für die anschließende Creme gemacht. Auch wenn es bislang vielleicht nicht zu Ihren Pflegeprodukten gehörte, sollte auf ein nachreinigendes Gesichtswasser möglichst nicht verzichtet werden.

- Das Gesichtswasser wird auf einen Wattebausch aufgetragen. Der Wattebausch sollte gut durchnäßt, aber nicht tropfend sein.

- Das Gesicht mit kreisenden Bewegungen von unten nach oben abreiben. Den Hals nicht vergessen!

Normale Haut und trockene Haut

Hanfsamen-Blüten-Wasser
- 100 g Rosenwasser
- 100 g Orangenblütenwasser
- 50 g Hanfsamen

Die Hanfsamen werden mit dem Pürierstab oder einem Pürieraufsatz für den Küchenmixer zu Pulver zerkleinert. In einem Topf das Rosen- und Orangenblütenwasser zusammengießen und auf 70° C erwärmen. Eine kleine Menge des warmen Blütenwassers zu den Hanfsamen geben und verrühren. Es ergibt sich eine sehr dickflüssige Masse. Zu dieser Paste jeweils etwas Blütenwasser hinzufügen und anschließend mit einem kleinen Holzlöffel gut verrühren, bis das Gemisch glatt ist. Ist das gesamte Blütenwasser unter die Hanfpaste verrührt, ergibt sich eine gleichmäßige milchige Flüssigkeit. Das Gemisch wird nun durch ein sauberes Leintuch gefiltert, um alle festen Bestandteile zu entfernen. Das Hanf-Blüten-Wasser in eine kleine Flasche füllen und täglich zur Gesichtspflege benutzen.

- Dieses Gesichtswasser ist nahezu perfekt für *trockene Haut* und erzielt schnell eine erstaunliche Verbesserung des Hautbildes.
- Bei *normaler Haut* kann die Anwendung dieses Gesichtswassers die Nachtcreme überflüssig machen. Je

nach Bedarf kann mit der Tages-Feuchtigkeitscreme nachgecremt werden.

- Bei *Mischhaut* bietet sich dieses Gesichtswasser für die trockenen bis normalen Stellen an.

Fettige Haut

Kräuter-Gesichtswasser
- 5 g getrocknete Melissenblätter
- 5 g getrockneter Rosmarin
- 5 g getrocknete Kamille
- 5 g getrocknete Pfefferminze
- 5 g getrockneter Huflattich
- 5 g getrocknetes Zinnkraut
- 70 ml reinen Alkohol
- destilliertes Wasser

Die Kräuter in einer Glasschüssel trocken vermischen. Den Alkohol hinzufügen und mit destilliertem Wasser aufgießen, bis alle Kräuter feucht durchtränkt sind. Mit Alufolie oder einem Leintuch wird die Schüssel abgedeckt. Den Kräuteransatz zwei oder drei Tage im Kühlschrank ziehen lassen. Dann nachschauen, da die Kräuter vermutlich die gesamte Flüssigkeit aufgesogen haben. Etwas destilliertes Wasser nachgießen, bis wieder alles gut feucht ist. Am achten Tag nach dem Ansetzen wird die Kräuterflüssigkeit durch ein sauberes Leintuch gepreßt. Falls der Ansatz einmal zehn Tage steht, ist er genau so gut. Nach dem Leintuch sollte das Kräuterwasser durch einen Kaffeefilter gegeben werden. Das Kräuterwasser kann nun in ein Fläschchen gefüllt werden und steht für den täglichen Gebrauch bereit.

Tip: Ist ein Kräuterwasser fertig für den Gebrauch, können Sie schon gleich das nächste ansetzen. So ist immer genügend Vorrat da.

- Dieses erfrischende und die Hautatmung aktivierende Gesichtswasser sollte wirklich nur für die *fettige* Haut verwandt werden.
- Die fettigen Stellen der *Mischhaut* beleben und erholen sich ebenfalls schnell durch dieses klärende Gesichtswasser.

Mischhaut
Für die Mischhaut bietet sich die Kombination aus Hanf-Blüten-Wasser und Kräuter-Gesichtswasser an.
- Die trockenen oder normalen Gesichtsfelder werden mit dem Hanf-Blütenwasser behandelt,
- während die fettigen Stellen mit dem Kräuterwasser abgerieben werden.

Cremes

Normale Haut

Hanf-Rosen-Creme
- 40 g Hanföl
- 40 g Rosenwasser
- 10 g Lanolin
- 8 g Walrat

- 8 g weißen Wachs
- ½ g Borax
- 1 bis 2 Tropfen Rosenöl (falls Sie sich diesen Luxus gönnen wollen; als Zutat ist es nicht nötig)

Wasserbad: Reichlich Wasser in einem Topf erwärmen. Zur Cremeherstellung sollte die Temperatur nicht höher als 70 bis 80° C sein. Auf das erwärmte Wasser wird ein hoher Plastiktopf gesetzt. Das Hanföl wird in den Plastiktopf gegossen und die festen Bestandteile (Lanolin, Wachs und Walrat) hinzugefügt. Durch die Wärme und das Rühren mit einem kleinen Holzlöffel verschmelzen die Substanzen zu einer Fettflüssigkeit. Jetzt wird das Rosenwasser in einem anderen kleinen Topf auf dieselbe Temperatur gebracht und mit dem Borax vermischt. Das folgende Verrühren von Fett und Wasser, also das Herstellen einer Emulsion, wird mit dem Mixer durchgeführt. Das Rosenwasser wird nun nach und nach unter ständigem Rühren dem Fett zugefügt, bis sich eine einheitliche Masse ergibt. Den Topf vom Wasserbad nehmen und weiter rühren, bis die Creme kalt geworden ist. Die erkaltete Creme in ein Töpfchen füllen und in den Kühlschrank stellen. Falls Rosenöl oder ein anderes Duftöl hinzugefügt werden soll, werden diese Tropfen kurz vor dem Ende des Rührvorgangs in die Creme gegeben.
- Diese feine Creme kann sparsam angewandt werden und ist zur *Tages-* und *Nachtpflege* geeignet. Falls Sie die Creme als Make-up-Unterlage benutzen möchten, eine Viertelstunde auf der Haut einziehen lassen und die Reste mit einem Kosmetiktuch abtupfen.

- Diese Creme kann auch bei *trockener Haut* angewandt werden, allerdings sollte der Gebrauch dann großzügiger sein.
- Bei *Mischhaut* kann diese Creme auch für die normalen oder trockenen Stellen verwendet werden.

Trockene Haut

Reine Hanföl-Creme
- 40 g Hanföl
- 40 ml destilliertes Wasser
- 10 g Lanolin
- 5 g Bienenwachs
- 3 g Walrat
- 4 g Cetylalkohol
- ½ g Borax

Wasserbad: Reichlich Wasser in einem Topf erwärmen und im Anschluß von der Herdplatte nehmen. Zur Cremeherstellung sollte die Temperatur nicht höher als 70 bis 80° C sein. Auf das erwärmte Wasser wird ein hoher Plastiktopf gesetzt. Das Hanföl wird in den Plastiktopf gegossen, und die festen Bestandteile (Lanolin, Bienenwachs und Walrat) werden hinzugefügt. Durch die Wärme und das Rühren mit einem kleinen Holzlöffel verschmelzen die Substanzen zu einer Fettflüssigkeit. Jetzt wird das destillierte Wasser in einem anderen kleinen Topf auf dieselbe Temperatur gebracht und mit dem Borax vermischt. Das folgende Verrühren von Fett und Wasser, also das Herstellen einer Emulsion, wird mit dem Mixer durchgeführt. Das destillierte Wasser wird nun vorsichtig unter ständigem Rühren dem Fett zugefügt, bis sich eine einheitliche Masse ergibt. Den Topf vom Wasserbad nehmen und weiter rühren, bis die Creme kalt geworden ist. Die erkaltete Creme in ein Töpfchen füllen und in den Kühlschrank stellen.

- Diese Creme ist bei trockener Haut sowohl als *Tages- wie Nachtcreme* geeignet. Dennoch sollte sie vorzugsweise als Nachtcreme benutzt werden. Tagsüber könnte eher eine Feuchtigkeitscreme, wie die Hanf-Rosen-Creme, verwendet werden.

- Als *Nachtcreme* eignet sich die Hanföl-Creme auch bei *Mischhaut* für die normalen oder trockenen Stellen.

Fettige Haut

Hanf-Kampfer-Creme
- 20 g Hanföl
- 20 ml destilliertes Wasser
- 7 g Walrat
- 5 g Bienenwachs
- 1 g Kampfer
- ½ g Borax

Wasserbad: Reichlich Wasser in einem Topf erwärmen und im Anschluß von der Herdplatte nehmen. Zur Cremeherstellung sollte die Temperatur nicht höher als 70 bis 80° C sein. Auf das erwärmte Wasser wird ein hoher Plastiktopf gesetzt. Das Hanföl wird in den Plastiktopf gegossen, und die festen Bestandteile (Bienenwachs, Walrat und Kampfer) werden hinzugefügt. Durch die Wärme und das Rühren mit einem kleinen Holzlöffel verschmelzen die Substanzen zu einer Fettflüssigkeit. Jetzt wird das destillierte Wasser in einem anderen kleinen Topf auf dieselbe Temperatur gebracht und mit dem Borax vermischt. Das folgende Herstellen einer Emulsion wird mit dem Mixer durchgeführt. Das destillierte Wasser wird nun jeweils in kleinen Mengen unter ständigem Rühren dem Fett hinzugefügt, bis sich eine einheitliche Masse ergibt. Den Topf vom Wasserbad nehmen und weiter rühren, bis die Creme kalt geworden ist. Die erkaltete Creme in ein Töpfchen füllen und in den Kühlschrank stellen.

- Diese Creme fördert die Durchblutung und beugt Entzündungen vor. Als *Tagescreme* für fettige Haut ist diese Creme besonders geeignet. Sparsam auftragen, eine Viertelstunde einziehen lassen, und die Reste der Creme mit einem Kosmetiktuch abtupfen.
- Für die fettigen Stellen der *Mischhaut* ist die Hanf-Kampfer-Creme ideal.

Mischhaut
Für die Mischhaut gibt es naturgemäß keine einheitliche Creme. Es sollten immer zwei verschiedene Cremes benutzt werden.

- So können für *normale/fettige Mischhaut* die Hanf-Rosen-Creme und die Hanf-Kampfer-Creme kombiniert werden.
- Für *trockene/fettige Mischhaut* sind die reine Hanf-Creme und die Hanf-Kampfer-Creme eine ideale Pflegekombination.

Dampfbäder

Dampfbäder sind für jede Haut geeignet als Generalreinigung. Trotz der täglichen Gesichtsreinigung können Rückstände von Staub, Ruß, Abgasen und abgestorbene Hautzellen in den Poren zurückbleiben.

- Durch das Dampfbad kann wöchentlich oder alle 14 Tage eine porentiefe Reinigung mit einer die Durchblutung fördernden Maßnahme verbunden werden.
- Für das Dampfbad wird eine Handvoll Kräuter (ungefähr fünf bis sieben Gramm) in eine größere Schüssel gegeben und mit einem Liter heißen Wassers überbrüht.
- Über die Schüssel und den Kopf wird ein großes Handtuch gebreitet.
- Durch das Schwitzen treten aus der Gesichtshaut alle verschmutzenden Rückstände heraus.
- Nach dem Dampfbad wird das Gesicht mit lauwarmem Wasser abgewaschen.
- Nach einem Dampfbad ist die Haut besonders aufnahmefähig, ideal für eine anschließende Maske oder Packung.

Normale Haut
- Zeitspanne für ein Dampfbad: fünf Minuten
- Temperatur: heiß

Empfehlenswerte Kräuter:
- Kamille
- Lindenblüten

Trockene Haut
- Zeitspanne für ein Dampfbad: zwei bis drei Minuten
- Temperatur: warm

Empfehlenswerte Kräuter:
- Fenchel
- Kamille
- Lindenblüten
- Weißdorn

Fettige Haut
- Zeitspanne für ein Dampfbad: zehn Minuten
- Temperatur: heiß

Empfehlenswerte Kräuter:
- Arnikablüten
- Hamamelis
- Huflattich
- Pfefferminze
- Salbei
- Zinnkraut

Mischhaut
- Zeitspanne für ein Dampfbad: drei bis fünf Minuten
- Temperatur: warm

Empfehlenswerte Kräuter:
- Hamamelis
- Kamille
- Lindenblüten

Masken und Packungen

Vorbereitung für eine Maske oder eine Packung
- Gründliche Hautreinigung.
- Einen Spachtel oder Pinsel zum Auftragen bereitlegen.
- Warme Kamillentee-Beutel für die Augen.
- Ein Handtuch, um die Haar zurückzuhalten.
- Eine Schüssel mit warmem Wasser, eventuell mit Kamillenzusatz.
- Ein Tuch zum Abwaschen der Maske oder Packung.

Auftragen einer Maske oder Packung
- Die Augenpartie und die Augenbrauen werden bei der Anwendung immer ausgespart.
- Die Mischung wird zuerst am Kinn aufgetragen, über die Unterkieferknochen und die Wangen (ohne Wangenknochen) bis zur Stirn hinauf.
- Von der Stirn aus werden der Nasenrücken, dann die Nasenseiten und im Anschluß die Wangenknochen bedeckt.
- Das Auftragen am Hals beginnt ebenfalls von unten nach oben.
- Die Mischung sollte am Hals oberhalb der Schilddrüse begonnen werden. Die Schilddrüse sollte nicht mit einbezogen werden.
- Am besten legt man sich während der Einwirkzeit hin und lagert die Beine etwas höher.
- Ruhe und Entspannung während der Einwirkzeit ermöglichen eine echte Pause vom Alltag. Eine Maske oder Packung sollte, je nach Zusammensetzung, zwischen 15 und 30 Minuten einwirken.

- Nach dem Einwirken wird die Mischung mit dem warmen Wasser oder Kamillenwasser abgelöst. Es sollte vorsichtig vorgegangen werden. Nicht reiben! Die Maske oder Packung wird eher abgewaschen als abgewischt.
- Danach mit viel lauwarmem fließenden Wasser nachspülen. Bei normaler und fettiger Haut kann zum Schluß auch mit kaltem Wasser nachgespült werden (entsprechend auch bei normaler/fettiger Mischhaut).
- Es folgt eine Nachreinigung mit einem Gesichtswasser und dann kann, je nach Hauttyp, eine Feuchtigkeits- oder eine Fettcreme aufgetragen werden.

Normale Haut

Die klassische Hanf-Milch-Packung
- 50 g bis 100 g Hanfsamen
- Frischmilch (ungefähr 50 ml bis 100 ml)

Die Hanfsamen mit dem Pürierstab oder einem Pürieraufsatz für den Küchenmixer zu Mehl zerkleinern. Das Hanfmehl mit frischer (warmer) Milch zu einem dicken Brei verrühren.
- Diese einfache und dennoch effektvolle Packung ist *für fast jeden Hauttyp* geeignet.
- Für die *normale Haut* ist diese reinigende und nährende Packung eine wahre Verjüngungskur. Den Brei warm auftragen und fünfzehn Minuten einwirken lassen.
- Die *trockene Haut* verträgt diese Pflegepackung ausge-

zeichnet. Allerdings sollte die Temperatur des Breis bestenfalls lauwarm sein. Um keine Strapazierung der Haut durch die Temperatur zu riskieren, wäre es empfehlenswert, den Hanf-Milch-Brei kalt anzurühren und kalt aufzutragen.

- Für die *Mischhaut* ist diese Packung ebenfalls bestens geeignet. Warm, bzw. lauwarm bei trockener/fettiger Mischhaut, auftragen und 15 Minuten einwirken lassen.

Trockene Haut

Hanf-Sahne-Packung
- 50 g bis 100 g Hanfsamen
- süße frische Sahne (50 ml bis 100 ml)

Die Hanfsamen mit dem Pürierstab oder einem Pürieraufsatz für den Küchenmixer zu Mehl zerkleinern. Das Hanfmehl mit frischer süßer Sahne zu einem dicken Brei verrühren. Die Sahne sollte lauwarm sein. Will man einen zusätzlichen erfrischenden Effekt erreichen, kann die Sahne auch kalt sein.

- Diese Packung ist ideal für die *trockene Haut*. Es ist die verfeinerte Version der klassischen Hanf-Packung. Den Brei ungefähr 20 Minuten einwirken lassen.
- Auch die *normale Haut* verträgt diese etwas fettreichere Variante der klassischen Hanf-Packung. Bei besonderer Beanspruchung der Haut, wie beispielsweise Kälte, bringt diese Packung die Haut schnell in ihr Gleichgewicht zurück.

- Bei unreiner *Mischhaut* kann diese Packung ebenfalls hin und wieder verwendet werden.

Reine Hanföl-Packung
- reines frisches Hanföl

Das Hanföl wird leicht angewärmt (lauwarm). Im Anschluß werden Wattebäusche damit getränkt und auf das Gesicht gelegt. Es kann auch ein großes Stück Haushaltswatte verwendet werden, in welches man Löcher für Augen, Nase und Mund schneidet.
- Die reine Hanföl-Packung kann bis zu einer halben Stunde aufliegen. Nach dem Abnehmen der Watte wird das Gesicht mit Kosmetiktüchern abgetupft, um das überschüssige Öl aufzunehmen.
- Eine einfache und effektvolle Erholungs- und Entspannungskur für strapazierte *trockene Haut.*
- Auch durch Witterungseinflüsse spröde gewordene *normale Haut*, verträgt hin und wieder diese reine Hanföl-Packung.
- Für die trockenen Stellen der *trockenen/fettigen Mischhaut* ist diese Ölmaske ebenfalls geeignet.

Fettige Haut

Hanfsamen-Eiweiß-Maske
- 50 g Hanfsamen
- 1 Eiweiß

Die Hanfsamen mit dem Pürierstab oder einem Pürieraufsatz für den Mixer zu Mehl zerkleinern. Das Eiweiß unter das Hanfmehl mischen und mit dem Mixer weiter schlagen, bis das Eiweiß schaumig bis steif ist.

- Diese einfache Maske kann gut 20 Minuten einwirken. Sie wirkt durchblutend, reinigt und strafft.
- Für unreine und *fettige Haut* tut diese Maske ausgesprochen gute Dienste.
- Die fettigen Stellen der *Mischhaut* können mit dieser Maske auf den Weg der Normalisierung gebracht werden.

Mischhaut

Hanf-Milch-Honig-Maske
- 50 g bis 100 g Hanfsamen
- frische Milch (50 ml bis 100 ml)
- 1 bis 2 EL Honig

Die Hanfsamen mit dem Pürierstab oder einem Pürieraufsatz für den Küchenmixer zu Mehl zerkleinern. Die Milch anwärmen und den Honig darin auflösen. Das Hanfmehl hineingeben, und alles zu einem dicken Brei verrühren.

- Diese regulierende Packung ist ausgesprochen wirksam für Mischhaut. Die Einwirkzeit ist 15 Minuten.
- Bei *normaler/fettiger Mischhaut* kann die Temperatur des Breis höher sein als bei *trockener/fettiger Mischhaut*.
- Wenn eine *fettige Haut* auf dem Wege der Besserung ist, also schon rein und nicht mehr extrem talgig ist, kann diese Packung auch hin und wieder verwendet werden.

Haarpflege

Shampoos

Allgemein gilt für Shampoos das gleiche wie für die Körperwäsche. Außer bei fettiger Haut sollte möglichst ein Präparat mit dem pH-Wert von 5,5 verwendet werden. Eine Zugabe von Borax in das Waschwasser oder ein Abkochen des Wassers schützt den Haarboden vor Kalkablagerungen.

Normales Haar

- Um das normale Haar in seiner gesunden Struktur zu erhalten, sollten möglichst keine allzu aggressiven Waschmittel verwendet werden. Ein Shampoo mit dem pH-Wert 5,5 wäre ideal.
- Der Zusatz von Borax im Waschwasser bindet den Kalk und bewahrt so den Haarboden von allzu entfettenden Rückständen.

Trockenes Haar

- Das trockene Haar ist ebenso wie die trockene Gesichts- oder Körperhaut besonders empfindlich. Ein wenig schäumendes Shampoo mit einem pH-Wert von 5,5 kann verwendet werden.
- In Apotheken oder Reformhäusern gibt es spezielle Shampoos für trockenes Haar. Diese Produkte schäumen in der Regel nicht so stark wie industrielle Shampoos, da der Anteil der entfettenden aktiven Waschsubstanzen reduziert worden ist. Manche dieser Spe-

zialshampoos für trockenes Haar sind ölhaltig und daher besonders geeignet.

Fettiges Haar
- Für fettiges Haar sollte ein spezielles medizinisches Shampoo aus der Apotheke verwendet werden. Shampoos mit Schwefel- oder Kampferzusatz haben sich besonders bewährt. Das Shampoo sollte leicht entfettend, also alkalisch sein und antiseptisch wirken.
- Ein Shampoo für fettiges Haar kann ruhig mehr schäumen, da der entfettende Effekt der aktiven Waschsubstanzen ja erwünscht ist.

Haarspülungen

Haarspülungen sind nicht nur wichtig, um das Haar nach der Wäsche geschmeidig, glänzend und leicht kämmbar zu machen. Der entfettende Kalk, welchen das Leitungswasser auf der Kopfhaut hinterläßt, sollte entfernt werden, um Hautirritationen zu vermeiden. Ebenso sollen durch die Haarspülungen auch mögliche Rückstände des Shampoos ausgewaschen und die Kopfhaut zugleich gepflegt werden.

Normales Haar
- Ein Tee aus Kamille, Lindenblüten oder Birkenblättern eignet sich gut für normales Haar als Zusatz im letzten Spülwasser.

Trockenes Haar

- Eine Spülung mit Kamillentee ist eine schonende Pflege für trockenes Haar.
- Diese Spülung ist auch für normales Haar geeignet, besonders, wenn es blond ist, da Kamille einen leichten aufhellenden Effekt hat.

Fettiges Haar

- Bei fettigem Haar eignet sich der Saft einer Zitrone hervorragend für das letzte Spülwasser als Zusatz.
- Auch Obstessig (1 Tasse) tut gute Dienste als abschließende Haarspülung. Die Essigspülung ist wegen ihres unangenehmen Geruchs allerdings weniger beliebt. Etwas Zitronensaft kann den Geruch übertönen und trägt ebenso zur schonenden Entfettung bei.
- Kräutertee aus Zinnkraut, Huflattich oder Rosmarin sind als Haarspülung für fettiges Haar sehr geeignet.

Packungen und Spitzenpflege

Für jedes Haar gibt es Zeiten größerer Beanspruchung, zum Beispiel im Sommer durch die Sonneneinstrahlung oder im Winter durch die Kälte. Sowohl Heizungsluft als auch Luftverschmutzung können das Haar glanzlos und spröde machen oder auch überhöhte Talgproduktion anregen.

Daher ist es für jeden Haartyp sinnvoll, hin und wieder eine gesunde Kur anzuwenden, welche die Kopfhaut normalisiert und dem Haar die notwendigen Nähr- und Pflegestoffe zuführt.

Spitzenpflege

Für längeres Haar jeden Haartyps sind die Spitzen ein Problemfeld. Spliß findet sich leicht durch das ständige Anstoßen der Haare auf den Schultern ein.

Ein bewährtes, fast unschlagbares und zugleich einfaches Rezept zur Pflege der Haarspitzen und zur langfristigen Verhinderung von Spliß ist: *erwärmtes Hanföl pur.*

- Bei angegriffenem, dauergewelltem oder coloriertem Haar sollte vor jeder Haarwäsche erwärmtes reines Hanföl in die Spitzen einmassiert werden.

- Bei normal beanspruchtem Haar kann die Spitzenpflege vor jeder zweiten oder dritte Haarwäsche durchgeführt werden.

- Um die Spitzen können Kosmetiktücher gewickelt werden, um die Kleidung vor Öltropfen zu schützen. Es kann aber auch, zur Intensivierung des Einwirkens, eine Plastiktütchen über die Spitzen gezogen werden.

- Gut ist, wenn das Hanföl eine Stunde oder sogar länger einwirken kann.

- Nach der Spitzenbehandlung kann das Haar gewaschen werden. Die Spitzen sind geschmeidig und weich und daher viel weniger geneigt zu splissen.

Normales Haar und trockenes Haar

Reine Hanföl-Packung
- reines frisches Hanföl

Das Hanföl wird erwärmt, auf das gesamte Haar aufgetragen und leicht einmassiert. Eine Plastikhaube wird über das gesamte Haar gesetzt. Durch den hiermit bezweckten

Wärmeerhalt wird die Einwirkung intensiviert. Eine reine Hanföl-Packung kann eine Stunde und auch länger einwirken.

- Diese nährende Packung macht das Haar weich und daher weniger anfällig für Spliß.
- Außer für sehr fettendes Haar ist diese Kur für alle Haartypen geeignet.

Die reine Hanföl-Packung kann hin und wieder verfeinert werden durch *Kräuterzusätze*.

- Dazu legt man in eine größere Menge Hanföl die gewünschten Kräuter ein (siehe: die verschiedenen Kräuter bei den Haarspülungen).
- Das Kräuteröl kann tagelang ziehen und hält sich bis zu vier Wochen. Eine entsprechende Menge Kräuteröl für eine Packung abseihen und erwärmen.
- Für das Schnellverfahren kann Hanföl in einen Topf auf ein Wasserbad gegeben werden, die gewünschten Kräuter werden hinzugefügt, und das Ganze sollte ungefähr 20 Minuten ziehen.

Hanföl-Eigelb-Packung
- reines Hanföl
- 1 bis 3 Eigelb

Je nach Haarlänge werden ein bis drei Eigelb mit Hanföl verrührt.

- Diese Mischung wird auf das gesamte Haar und den Haarboden verteilt und einmassiert.
- Es sollte eine Plastikhaube aufgesetzt werden. Um das

Einwirken zu intensivieren, können über die Plastikhaube warme Handtücher um den Kopf gewickelt werden.

- Die Einwirkzeit geht im Idealfall von einer Stunde
  aufwärts.
- Die Packung sollte im Anschluß gut ausgespült werden.
- Die Hanföl-Eigelb-Packung ist *für jeden Haartyp* geeignet, außer für extrem fettiges Haar.
- Auch *leicht fettiges Haar* verträgt diese nährende Pak-
  kung gut.

Fettiges Haar

Zitronensaft-Packung
- Saft von 1 bis 2 Zitronen

Der Zitronensaft wird hauptsächlich auf die fettige Kopfhaut aufgetragen. Etwa 20 Minuten einwirken lassen und
im Anschluß gründlich ausspülen.

Cannabis bei
schweren Krankheiten

Die gesamte Hanfpflanze kann in der Medizin gegen eine Vielzahl von Beschwerden eingesetzt werden. Die Wirksamkeit von Hanfprodukten macht diese Pflanze fast zu einem Allheilmittel. In der chinesischen, indischen, indianischen und europäischen Medizin wurden bis zum Anfang des 20. Jahrhunderts mit den zahlreichen Anwendungsmöglichkeiten des Hanfs die besten Resultate erzielt.

Das Rauchen von THC-haltigen Hanfbestandteilen

Haschisch (das austretende Harz) oder Marihuana (getrocknete Blüten und Blätter) des THC-haltigen indischen Hanfs können in der Pfeife oder als selbstgedrehte Zigarette (Joint) geraucht werden.

Der hierdurch auftretende Rauschzustand wurde nicht nur von den indianischen Schamanen, sondern auch von manchen anderen antiken Hochkulturen zur medizinischen *Schmerzlinderung* eingesetzt.

Bei starken Schmerzen stellte sich Marihuana oder Haschisch als ein gut dosierbares und gut wirkendes natürliches Betäubungs- und Entspannungsmittel heraus. Der Naturstoff THC wurde gezielt medizinisch eingesetzt. Die heutigen synthetischen Arzneien mit vergleichbarer Wirkung umfassen eine Vielzahl an schädigenden Nebenwirkungen, die gerade bei Schwerkranken, welche diese Mittel benötigen, zusätzlichen Schaden anrichten können. Bei schmerzhaften lebensbedrohlichen Krankheiten werden chemische Betäubungsmittel benutzt, die einerseits suchtbildend sind und andererseits zu teils irreparablen Schäden der inneren Organe führen können.

Hanf als schmerzlinderndes Betäubungsmittel hat all diese Nebenwirkungen nicht, und das Zustandekommen einer Sucht konnte bislang wissenschaftlich nicht nachgewiesen werden.

Als einziger Hinderungsgrund, Hanfprodukte in der Medizin als schonende Schmerzmittel einzusetzen, bliebe: das Verkaufsinteresse der Pharmaindustrie. Ein Naturstoff, den jeder selbst züchten könnte, brächte Umsatzeinbußen.

In diesem Zusammenhang macht der Vertrieb von Hanf als Schmerzmittel über Apotheken erneut einen Sinn. Die Pharmaindustrie könnte weiterhin profitieren, und Schwerkranken wäre durch ein Naturprodukt besser geholfen.

Das Rauchen von THC-haltigem Hanf wird meist mit Tabakkonsum verbunden. Um diese – durch den Tabak – gesundheitsschädliche Kombination zu vermeiden, kann Haschisch oder Marihuana auch in anderer Form aufgenommen werden, beispielsweise als Tee oder in Backwaren.

Schwester Marys Keks-Aktion

Nicht nur die schmerzlindernde, betäubende und entkrampfende Wirkung von Haschisch oder Marihuana
kann Schwerkranken helfen, sich besserzufühlen.

Bei *Krebspatienten* lindert gerade das THC oftmals die
Übelkeit nach der Chemotherapie. Auch vor der chemischen Behandlung der Tumore hilft Hanf als Betäubungsmittel, den Schmerzen oder der Übelkeit vorzubeugen.

Aids-Kranke haben neben den vielfältig ohnehin bela-
stenden Symptomen verstärkt an Appetitlosigkeit zu leiden. Gerade die notwendige Kräftigung des Körpers
durch gesunde Nahrung wird durch die Abneigung gegen
das Essen oftmals verhindert. Das elende Gefühl und die
Schwächung vieler Aids-Patienten führen zusammen mit
der durch Appetitlosigkeit ausgelösten Unterernährung
zu einem Teufelskreislauf. Der Genuß von Haschisch oder
Marihuana regt den Appetit auch dieser Schwerkranken
so an, daß sie ohne Probleme genügend Nahrungsmittel
aufnehmen können.

Diese vorteilhafte Wirkung von THC bei Schwerkranken veranlaßte die Amerikanerin Mary Rathbun zu han-
deln. Die ehemalige Krankenschwester aus San Francisco
will – ganz im Sinne ihres Berufes – Schwerkranken helfen.
Obwohl in den USA die Verteilung von Marihuana und
Haschisch nach wie vor verboten ist, bäckt Schwester Mary
unermüdlich THC-haltige Kekse für Kranke.

Täglich verteilt »Brownie Mary« kostenlos linderndes
Gebäck vor allem an Krebs- und Aids-Patienten in fortge-
schrittenem Stadium. Der Rohstoff, THC-haltige Blätter,

Blüten und Harz, wird ihr von Menschen gespendet, die Hanf selbst anbauen. Mary investiert den Keksteig, ihre Arbeitskraft und den Mut, trotz Verbot zu backen und die Kekse zu verteilen. Seit 1974 macht Mary Rathbun unbeirrt weiter, trotz Anzeigen und drohender Strafen.

Das Rezept für die »Kekse der Kranken« ist folgendes:

Marys Chocolate Brownie

- 250 g Butter
- 250 g brauner Zucker
- 50 g weißer Zucker
- 2 bis 3 Eier
- 2 Tassen feines Mehl
- ½ Päckchen Backpulver
- ½ TL Salz
- 150 g Schokoladenchips
- 250 g Marihuana und Haschisch (frisch)

Von den frischen THC-haltigen Hanfpflanzen werden die Blätter, die Blüten und das Harz abgenommen. Der Stamm wird nicht benutzt. Die Hanfteile werden mit dem Pürierstab zu einem Brei zerkleinert. Die Butter wird im Wasserbad unter möglichst niedriger Temperatur zerlassen und der Hanfbrei hinzugefügt. Der Zucker wird im Butter-Hanf-Gemisch verrührt und aufgelöst. Der Topf wird nun vom Wasserbad genommen, und die schaumig geschlagen Eier werden untergerührt. Das Mehl mit dem Salz und dem Backpulver vermischen und löffelweise beifügen. Im Anschluß kommen die Schokoladenchips hinzu.

Aus dem Teig werden ungefähr 75 kleine Kekse geformt und auf ein gefettetes Backblech gelegt. Der Backofen sollte auf 200° C (bei Umluft 180° C) vorgeheizt werden. Nach zehn bis zwölf Minuten sind die Kekse fertig gebacken.

Da die Gewichtsangabe in Marys Rezept sich auf frische Hanfzutaten beziehen, müßte bei getrockneten Bestandteilen die Menge entsprechend reduziert werden.

Schwester Mary hat noch ein weiteres Rezept, mit derselben Wirkung wie bei den Keksen, entwickelt.

Marys Marihuana-Butter

- 250 g Butter
- 75 g frisches Marihuana (THC-haltige Blätter und Blüten)

Das Stück Butter wird bei niedriger Temperatur in der Pfanne zerlassen. Die frischen Blätter und Blüten von THC-haltigen Hanfpflanzen werden mit dem Pürierstab zu einem Brei zerkleinert. Dieser Hanfbrei wird unter die Butter gemischt. Zwanzig Minuten bei geringster Hitze ziehen lassen. Danach in ein Gefäß füllen und im Kühlschrank aufbewahren. Einmal täglich als dünner Brotaufstrich gegessen, hilft diese Butter Schwerkranken, Appetit zu entwickeln und die Schmerzen zu lindern.

Keine Forschung – keine Fortschritte

Trotz des allgemeinen Verbotes von THC-haltigem Hanf wäre es rechtlich, mit entsprechender Genehmigung, erlaubt, zu wissenschaftlichen Forschungszwecken Hanf anzubauen und zu untersuchen. Doch das Interesse in der Arzneimittel-Forschung an THC ist zur Zeit noch gering.

Schon 1964 isolierte ein Mediziner an der Universität Tel Aviv den berauschenden und heilenden Stoff aus der Hanfpflanze. Das Cannabinoid THC gehört zu einer chemischen Gruppe von Cannabinoiden, die der menschliche Körper selbst produzieren kann. 1990 und 1992 wurde die Empfänglichkeit des Gehirns und Nervensystems für Cannabinoide bestätigt.

Cannabinoide sind Neurotransmitter

Diese Substanzen sind im Nervensystem für die Übertragung der Impulse zuständig. Auf den Nervenbahnen werden die Informationen vom zentralen Nervensystem zu den Organen und umgekehrt durch elektrische Schwingungen weitergeleitet. Die Nervenzellen sind nicht wie eine feste unendliche Schnur miteinander verknüpft, sondern sie werden einerseits durch einen Fettmantel und andrerseits durch einzelne verbindende Stoffe zusammengehalten. Die Übergangsstellen von einer Nervenzelle zur nächsten sind mit einem chemischen Gemisch angefüllt, in welchem sich auch die sogenannten Neurotransmitter befinden. Vereinfacht gesagt handelt es sich um chemische

Hilfsstoffe, welche die eintreffenden elektrischen Impulse in chemische Botschaften verschlüsseln und an die nächste Nervenzelle weiterreichen. Diese Nervenzelle entschlüsselt die Botschaft, wandelt sie wieder in elektrische Schwingungen um und leitet sie weiter. Der Sinn der Botenstoffe, also der Neurotransmitter, ist, die elektrische Spannung der Nervenzellen zu überwachen und sie vor Überspannungen zu schützen. Impulse können durch Neurotransmitter abgeschwächt, verstärkt oder sogar umgeleitet werden.

Genau an dieser Stelle wirken manche Beruhigungs- bzw. Betäubungsmittel. Um zu starke Schmerzen abzumildern, wird chemisch auf die Neurotransmitter eingewirkt.

Cannabinoide gehören zu den körpereigenen, Nerven- impulse übermittelnden Stoffen. Das THC im Hanf ist also ein dem menschlichen Körper bekannter Stoff und kann daher auch besonders leicht in die neuro-vegetativen Abläufe ein- und wieder abgebaut werden.

THC greift entsprechend dämmend in die Weiterlei- tung stark schmerzender oder Unwohlsein verursachen- der Nervenimpulse ein. Durch den Rückkopplungskreis- lauf des menschlichen Nervensystems bewirkt der abge- schwächte Impuls im Gehirn eine verminderte Neuaus- sendung der Botschaft.

Der medizinische Vorteil von THC, das übrigens auch künstlich erzeugt werden kann, wie in den USA bereits geschehen, ist, daß der Körper nicht mit ihm fremden Stoffen belastet wird.

Synthetische Drogen oder Betäubungsmittel, die den Körper süchtig machen, zeichnen sich ja gerade dadurch aus, daß sie körperfremde Substanzen sind. Sie dringen in den Informationsablauf des Nervensystems ein, simulieren chemische Zugehörigkeit und verfälschen den Inhalt der von den Nerven weitergeleiteten Botschaften. Grob gesagt, versucht der Körper über die Rückkopplung die falsche Botschaft zu entschlüsseln, Impuls zu erhalten, findet aber keine interne Quelle für diese künstlichen Boten. Durch die erneute Anforderung der fremden Boten und Botschaften entsteht Sucht. All dies verursacht THC nicht.

Der Körper kann Cannabinoide gut abbauen, da er sie ja auch selbst produzieren kann. Der betäubende Impuls wird vom Gehirn verstanden, da es sich um eine bekannte Substanz handelt.

Doch leider hat die pharmazeutische Forschung diese für den Körper günstige Zusammensetzung des THCs bislang nicht genügend berücksichtigt. Dennoch bleibt zu hoffen, daß sich dies in absehbarer Zeit ändern wird.

Tee, Kekse, Öl, Samen, Umschläge – Cannabis in der Medizin

Blätter, Blüten und Harz

Die *innerliche Anwendung* der Hanfblätter und Blüten (Marihuana) und des Harzes (Haschisch) ist in vielen Ländern nicht erlaubt. Dennoch soll die medizinische Wirkung der innerlichen Anwendung vorgestellt werden.

Tee (Vorsicht, verboten!)

Eine Variante, um einen THC-haltigen Tee herzustellen, ist, die frischen Blätter und Blüten auszukochen und so einen Sud zu erhalten, der auch kalt getrunken werden kann. Dieser Sud könnte auch zum Einreiben schmerzender Stellen verwandt werden.

Häufig wird Hanftee aus den getrockneten Blättern und Blüten (Marihuana) hergestellt. Die Dosierung ist individuell und hängt vom erwünschten Grad der Wirkung ab.

- Der Tee aus Hanfblättern galt in Indien und im alten China als Nerven- und Schlaftee. Zur Beruhigung und Entspannung hilft der Tee bei jeglichen Krämpfen, Verspannungen, nervösen Störungen oder Spasmen.
- Schmerzstillende, appetitanregende und beruhigende Wirkung hat der Tee bei allen – auch schweren – Krankheiten.

Die Wirkstoffe der Cannabis-Pflanze in Wasser zu lösen ergibt wie bei allen Naturstoffen einen Sud zur innerlichen und äußerlichen Anwendung.

Cannabis-Destillat oder Hanfwasser

Die frischen Blüten oder auch eine Mischung aus Blüten und Blättern werden zerkleinert und mit heißem Wasser in einem Destilliergerät aufgekocht. Die Wirkstoffe des Hanfs lösen sich im Wasser. Der Dampf wird durch ein Rohr geleitet, wodurch er abgekühlt wird, und in einem zweiten Gefäß wieder als Wasser aufgefangen. Dieses Dampfverfahren ergibt eine dem Tee verwandte wäßrige Lösung des Heilmittels.

- Dieses Hanfwasser kann sowohl zur innerlichen und äußerlichen Anwendung gebraucht werden.
- Die Anwendungsgebiete sind dieselben wie beim Tee.

Cannabis-Alkohol-Tinktur

In Jamaika wird aus Cannabis auch ein Auszug auf alkoholischer Basis hergestellt. Dazu werden Cannabis-Blätter und -Blüten in weißen Rum eingelegt. Der Ansatz zieht einige Tage. Die medizinische Anwendung ist besonders den einheimischen Fischern bekannt, da diese Tinktur die Nachtsicht verbessert.

- Bei verschiedenen Leiden wird diese Cannabis-Alkohol-Tinktur innerlich und äußerlich angewandt.

Kekse (Vorsicht, verboten!)

Werden Hanfblätter, -blüten oder -harz einem Keksteig hinzugefügt, haben sie dieselben medizinischen Eigenschaften wie der Teeaufguß. Durch den vollständigen Konsum der Hanfbestandteile fällt die Wirkung meist etwas stärker aus als beim Tee. Die Dosierung spielt bei der innerlichen Anwendung eine wichtige Rolle. Eine echte Überdosierung gibt es allerdings nicht.

- Bei Schwerkranken könnte ein Keks nach Marys Rezept über den Tag verteilt die Schmerzen, die Übelkeit und die Appetitlosigkeit deutlich lindern. Mary empfiehlt Krebspatienten, vor der Chemotherapie einen halben Keks und danach die andere Hälfte zu essen.

Umschläge mit Blättern

Getrocknete Hanfblätter können für die *äußerliche Anwendung* zum Pulver verrieben oder mit Wasser zu einer breiigen Masse angerührt werden.

- Hanfblätter-Paste kann bei Furunkeln, Geschwüren, Tumoren aufgetragen werden.
- Das Blattpulver ist als Wundpuder geeignet. Es trocknet nässende Wunden, desinfiziert sie und nimmt den Juckreiz während der Heilung.

Cannabis in der Homöopathie

In der Homöopathie wird Hanf in reinem Alkohol gelöst. Diese Urtinktur wird weiter verdünnt und entsprechend geschüttelt, um die verschiedenen Potenzierungen als Heilmittel herzustellen. Der Schöpfer der Homöopathie, Samuel Hahnemann, studierte die Wirkung von Hanf sehr genau und befand die homöopathische Aufbereitung für viele Leiden als gut geeignet.

- Als homöopathisches Mittel gibt es *Cannabis sativa*, den THC-armen Hanf gegen vielfältige Leiden und Krankheiten.
- Auch *Cannabis indica*, der THC-haltige Hanf, findet unter den homöopathischen Mitteln einen exponierten Platz.

Die jeweilige Potenzierung, das heißt den Verdünnungsgrad, bestimmt der behandelnde Homöopath. In der Homöopathie wird davon ausgegangen, daß ein Mittel mit steigender Verdünnung an Wirksamkeit zunimmt.

Zur Zeit sind die homöopathischen Aufbereitungen von Hanf in deutschen Apotheken nicht mehr erhältlich. In Dänemark oder Holland werden diese Präparate jedoch in allen Apotheken vertrieben.

Hanföl

Reines kaltgepreßtes Hanföl ist nicht nur in der Küche oder der Kosmetikherstellung ein wertvoller Naturstoff, sondern auch als inneres und äußeres Heilmittel von hoher Qualität.

- *Innerliche Anwendung:* Stärkt das Immunsystem, nährt Haut und Haare, reinigt die Arterien. Eine Mischung aus Hanföl und Wasser oder Tee (Emulsion) hilft bei beginnender Gelbsucht und reguliert die Blutgerinnung.
- *Äußerliche Anwendung:* Pflegt Haut und Haare (auch für die Massage gut geeignet), lindert jede Art von Hautirritation bis hin zur Neurodermitis.

Samen – als Brei ein Heilmittel

Zerstoßene oder pürierte Hanfsamen ergeben das Hanfmehl. Die Samen enthalten neben dem wertvollen Öl viele Proteine, Vitamine und Spurenelemente. Das Hanfmehl kann allen Speisen als Mehlersatz beigefügt werden.

- *Innerliche Anwendung:* Stärkt das Immunsystem, nährt Haut und Haare, reinigt die Arterien. Die Samen können auch pur gegessen und zerkaut werden. Sie helfen gegen Blähungen. Hanfsamen in Milch gekocht lindern trockenen Husten.
- *Äußerliche Anwendung:* Zur Pflege von Haut und Haaren eignet sich der Hanfbrei, mit Wasser oder Milch aufgekocht, in hervorragender Weise. Hautunreinheiten und Irritationen werden schonend geheilt. Auch als feuchtwarme Wundauflage wurde Hanfbrei in der alten Naturmedizin benutzt. Entsprechend kann kalter oder lauwarmer Hanfbrei bei leichteren Verbrennungen oder Sonnenbrand eine wohltuende Linderung verschaffen.

Wurzeln und der Pflanzenstiel

Die Wurzeln und der Stamm der Hanfpflanze enthalten so
gut wie kein THC, auch bei ansonsten THC-haltigen Sorten, wie dem indischen Hanf. Dennoch entfalten diese
beiden Pflanzenteile besondere medizinische Wirkungen.

- *Innerliche Anwendung:* Die zerstoßenen Wurzeln werden mit der zehnfachen Menge Wassers aufgekocht
  und als Sud getrunken. Der Wurzelsud wirkt auf den
  gesamten Kopfbereich und die Gelenke. Er lindert
  Kopfschmerzen bis zur Migräne und hemmt Entzündungen.

  Der Stamm der Hanfpflanze kann entweder pur gekaut
  oder als Sud aus zerkleinerten Teilen aufgekocht werden.
  Es ist ein bewährtes entwässerndes Mittel.

- *Äußerliche Anwendung:* Die zerstoßenen Wurzeln können auch zu einem Brei aufgekocht werden, der auf
  schmerzende Stellen gelegt wird. Verstauchungen,
  Zerrungen oder Überdehnungen können durch den
  kalten Wurzelbrei gelindert werden.

Nebenwirkungen

Schädliche Nebenwirkungen von Hanf oder Hanfprodukten sind bei diesem Naturstoff bislang nicht festgestellt
worden. Allerdings sollte jeder für sich ein Allergierisiko
ausschließen.

- Bei Herzkrankheiten, Lungenentzündungen, Lungen-
  emphysem und Lungenfibrose kann die den Kreislauf

beeinflussende Wirkung von THC schädlich sein. Es wird vom Hanfrauchen abgeraten.

- Viele Kulturen verwenden Marihuana oder Haschisch in der Schwangerschaft und bei der Geburt. Es gibt jedoch noch keine Studien, die eine Unschädlichkeit für das ungeborene Leben belegen.

- Wie bei allen homöopathischen Präparaten kann auch bei den Hanftinkturen eine sogenannte Erstver-schlechterung der Symptome auftreten. Diese Erschei-nung ist, wie Ihr behandelnder Homöopath bestätigen wird, keineswegs ein schlechtes Zeichen. Im Gegenteil: Bewirkt ein homöopathisches Mittel zu Beginn einer Therapie eine akute Verschlechterung des Zustandes, ist es meist ein Zeichen dafür, daß das gewählte Präpa-rat richtig ist.

- Bei der verbotenen Anwendung von THC-haltigen Hanfbestandteilen sollte berücksichtigt werden, daß die betäubende schmerzlindernde Wirkung auch zur Beeinträchtigung des Reaktionsvermögens führt. Es sollte, ebenso wie bei allen synthetischen Schmerz- oder Beruhigungsmitteln, nicht mehr aktiv am Stra-ßenverkehr teilgenommen oder eine Maschine bedient werden.

Waschzettel für medizinische Anwendungen

Haschisch, das Harz der weiblichen Pflanze, wirkt unge-fähr doppelt so stark wie eine gleiche Menge Marihuana, der gepreßten und getrockneten Blätter und Blüten der Pflanze.

Dosierung und Wirkung

Dosis	Wirkungszeit	Wirkungsart
1 g Marihuana oder $\frac{1}{2}$ g Haschisch (medizinische Dosierung)	ca. drei Stunden	Entspannung, Gefühlsintensität, appetitanregend, Verbesserung der Stimmung
ab 4 g Marihuana oder 2 g Haschisch	Minimal: drei Stunden. Maximal: sechs oder bis zu acht Stunden	optische oder akustische Halluzinationen (= veränderte Sinneswahrnehmungen), das Bewußtsein verändernde oder erweiternde Zustände

Eine echte Überdosierung im Sinne von lebensbedrohlichen Zuständen scheint es, nach den jahrtausendelangen Erfahrungen der Völker, nicht zu geben. Dennoch wäre ein vernünftiges Maßhalten medizinisch gesehen wünschenswert.

Anwendungsgebiete für Cannabis

Sowohl THC-armer als auch THC-haltiger Hanf hat, mit allen seinen Bestandteilen, medizinische Wirkungen. Wie bei jedem Medikament sollte auch dieser Naturstoff nach dem Prinzip des Maßhaltens angewandt werden:

Soviel wie nötig, doch so wenig wie möglich.

Für die folgenden Krankheiten und Symptome kann Hanf, als Aspirin der Naturmedizin, unterstützend angewandt werden. Es sollte jedoch bei ernsthaften Störungen oder Krankheiten nicht auf den Arztbesuch verzichtet werden.

Atmung

Asthma

Innerliche Anwendung
- Wissenschaftliche Untersuchungen in den USA bestätigen, was Schamanen schon seit Jahrhunderten wissen: Marihuana erweitert die Bronchien und hilft somit bei Atemnot. Das Inhalieren von Marihuana böte sich deshalb bei Asthma an, weil hier eine besonders schnelle Wirkung erzielt werden muß.

- Zur Erweiterung der Bronchien müßte reines Marihuana (getrocknete Blätter und Blüten) geraucht werden, ohne Beimischung von Tabak. Obwohl dies verboten ist, wäre diese Behandlung bei asthmatischer Atemnot für den Körper weit weniger belastend als die handelsüblichen synthetischen Asthmasprays.

Bronchitis

Innerliche Anwendung
- Bei Bronchitis lindert die – verbotene! – Inhalation des reinen Marihuana-Rauchs, ohne Tabakbeimischung, die Atembeschwerden. Das THC des Cannabis indica wirkt nicht nur schmerzlindernd, sondern auch abschwellend auf die Schleimhäute.
- Zur Unterstützung könnte zwar ein Hanftee getrunken werden, aber bei allen Atembeschwerden wäre das Inhalieren immer vorzuziehen, wenn es nicht verboten wäre.

Erkältungen

Innerliche Anwendung
- Im alten China und Indien wurde das Rauchen von Marihuana (getrocknete Blätter und Blüten) bei allen Symptomen von Erkältungskrankheiten eingesetzt. So soll das Inhalieren von Marihuana Schnupfen, Husten, die Verschleimung und Verkrampfung der Bronchien wirkungsvoll bekämpfen.

- Bei trockenem Husten wäre ein Sud aus in Milch gekochten Hanfsamen ein wirksames Mittel.
- Zur Unterstützung könnte ein beruhigender Hanftee getrunken werden. Hierdurch könnte die notwendige Nachtruhe gewährleistet werden.
- Bei allen Atembeschwerden wäre das Inhalieren dem Teetrinken immer vorzuziehen, wenn es nicht verboten wäre.

Husten

Innerliche Anwendung
- Gegen trockenen Husten sollen in Milch aufgekochte Hanfsamen helfen (indisches Rezept).
- Im alten China wurde aus den gemahlenen Hanfsamen ein Tee gekocht und als Hustenmittel verabreicht.
- Das – verbotene! – Inhalieren von reinem Marihuana-Rauch soll, selbst nach wissenschaftlichen Untersuchungen in den USA, erkältungsbedingten oder asthmatischen Husten vertreiben. Die Schleimhäute werden durch das THC zum Abschwellen veranlaßt.

Äußerliche Anwendung
- Eine Auflage aus frischen zerstoßenen Hanfblättern wird in manchen Teilen Indiens gern zur Linderung und Beruhigung des Husten genommen.

Keuchhusten

Innerliche Anwendung
- Gegen trockenen Husten sollen in Milch aufgekochte Hanfsamen helfen (indisches Rezept).
- Das – verbotene! – Inhalieren von Marihuana-Rauch soll, laut indischen Heilkundigen, auch bei Keuchhusten zur Linderung der Beschwerden führen.

Äußerliche Anwendung
- Eine Auflage aus frischen zerstoßenen Hanfblättern wird in manchen Teilen Indiens gern zur Linderung und Beruhigung des Husten genommen.

Lungenentzündung

Eine Lungenentzündung muß zunächst einmal von einem Arzt behandelt werden, dennoch kann Hanf zur Linderung der Beschwerden beitragen.

Innerliche Anwendung
- Husten und verschleimte Bronchien gehören meist zum Erscheinungsbild einer Lungenentzündung. Durch das verbotene Inhalieren von Marihuana-Rauch könnten die Schleimhäute abschwellen und die Bronchien erweitert werden. Die beruhigende und entkrampfende Wirkung des THCs würde eine Erleichterung bei den vielfach schmerzhaften Hustenanfällen bringen.

- Durch die beruhigende Wirkung des Hanfs wäre ebenfalls für einen heilenden und ausgiebigen Schlaf ge-
sorgt.
- Obwohl trockener Husten bei Lungenentzündungen
eher selten vorkommt, könnte in diesem Fall der Sud
aus in Milch gekochten Hanfsamen eingenommen werden.

Äußerliche Anwendung
- Eine Auflage aus frischen zerstoßenen Hanfblättern
wird in manchen Teilen Indiens gern zur Linderung und
Beruhigung des Hustens genommen.

Tuberkulose

Tuberkulose muß ärztlich behandelt werden, dennoch
könnte Hanf die Symptome lindern helfen. Eine Erkrankung an Tuberkulose muß in Deutschland dem Gesund-
heitsamt gemeldet werden.

Innerliche Anwendung
- In Kambodscha wird selbst bei Tuberkulose der Rauch
von Marihuana inhaliert. Die Bronchien werden durch
das THC erweitert und der Appetit wird angeregt. Die
beruhigende Wirkung mildert die typischen Husten-
anfälle.

Augen

Glaukom

Innerliche Anwendung

- Erhöhter Augeninnendruck kann zum grünen Star führen. Durch seine beruhigende und abschwellende Wirkung kann THC zur Herabsetzung des Augeninnendrucks beitragen. Dies wurde in den USA bereits wissenschaftlich nachgewiesen. Doch wurden die sehr wirksamen THC-haltigen Medikamente wieder verboten.

- Augeninnendruck und Glaukome werden in anderen Kulturen durch den Rauch oder die orale Einnahme von Marihuana behandelt.

Genitalbereich

Ausfluß

Innerliche Anwendung

- Im alten China tranken Frauen zur Behandlung dieses Leidens Hanftee. Durch moderne wissenschaftliche Forschungen hat sich bestätigt, daß THC abschwellend auf alle Schleimhäute wirkt und entsprechend auch Schleimhautreizungen im Genitalbereich lindern könnte.

Blasenleiden

Innerliche Anwendung

- Im alten China wurde aus dem zerkleinerten Stamm der Hanfpflanze ein Sud gekocht. Dieser Hanfstielsud wurde als ein hervorragendes harntreibendes Mittel zur Entwässerung angesehen.

Entbindung

Innerliche Anwendung

- In der Vergangenheit wurde auf allen Kontinenten die entspannende und entkrampfende Wirkung von Marihuana, als Tee oder Rauch, bei der Geburt eingesetzt.
- Durch das Verbot von THC-haltigem Hanf in Deutschland sind kaum Erfahrungen zugänglich. Doch die Frauen, welche es ausprobiert haben, waren begeistert. Allerdings ist die Wirkung von THC auf das Baby noch nicht erforscht.

Frauenleiden

Unter dem Begriff Frauenleiden sollen hier alle Arten von Menstruationsbeschwerden, wie Krämpfe, Schmerzen, Übelkeit und Schwindel, erfaßt werden. Auch die Symptome der Menopause, wie Hitzewallungen, Schwindel, kalter Schweiß und Nervosität, können durch Hanfpräparate unterstützend behandelt werden.

Innerliche Anwendung

- Aus den Blättern der Hanfpflanze wird mit heißem Wasser ein Tee zubereitet. Falls keine frischen Blätter verfügbar sind, wären auch getrocknete Blätter geeignet. In Indien und China wird dieser Tee bei allen Frauenleiden verabreicht, da er entkrampft, beruhigt und den Schwindel nimmt.

Äußerliche Anwendung

Zusätzlich wurde in der Antike oftmals ein Brei aus zerstoßenen frischen Hanfblättern auf den Unterbauch aufgelegt, um die Krämpfe zu lösen.

Gonorrhoe/Tripper

Innerliche Anwendung

- Das Pulver aus getrockneten Hanfblüten wird in Indien zu einem Tee aufgebrüht und zur Tripper-Behandlung getrunken.
- Ebenso werden in Tibet die pulverisierten Blüten mit Butterschmalz vermischt und eingenommen.
- Selbst in der Homöopathie wird Cannabis sativa gegen Tripper eingesetzt.

Hämorrhoiden

Innerliche Anwendung

- Bei der Hämorrhoiden-Behandlung wird in der ayurvedischen Medizin hauptsächlich auf äußerliche Auflagen zurückgegriffen. Bei Schmerzen durch Hämorrhoiden kann allerdings unterstützend ein Hanftee gereicht werden.

Äußerliche Anwendung
- Aus den frischen Blättern des Hanfs wird in Indien ein Brei hergestellt und äußerlich auf Hämorrhoiden aufgetragen. Dieser Blätterbrei soll schmerzlindernd, beruhigend, heilend wirken und den Juckreiz nehmen.

Impotenz

Impotenz kann viele Ursachen haben und sollte stets von einem Arzt untersucht werden.

Innerliche Anwendung
- Durch die beruhigende, entkrampfende und stimmungsaufhellende Wirkung des THCs könnte Hanf bei durch psychische Nervosität kurzfristig bedienter Impotenz helfen.
- Allerdings gab es in der Antike manche Heilkundige, die dem Hanf impotent machende Wirkung zuschrieben. Ursache dafür ist vermutlich die durch das THC erzeugte Entspannung, die manchmal so weit gehen kann, daß der Konsument einschläft.

Leistenbruch

Ein Leistenbruch muß ärztlich versorgt werden.

Innerliche Anwendung
- Nach der ärztlichen Behandlung könnte gegen die Schmerzen Marihuana oder Haschisch eingenommen werden, wenn es nicht verboten wäre.

Orchitis

Diese Hodenerkrankung sollte ärztlich behandelt werden. Hanf kann hier bestenfalls lindernd zusätzlich herangezogen werden.

Innerliche Anwendung
- Zur Linderung der Schmerzen verordnen indische Naturheilkundler den Tee oder Rauch von Marihuana oder Haschisch.

Äußerliche Anwendung
- Ein Brei aus zerstoßenen frischen Hanfblättern wird in Indien als lindernde Auflage bei dieser Erkrankung angewandt.

Sexuelle Unlust/Aphrodisiakum

Innerliche Anwendung
- Dem leichten Rauschzustand nach mäßigem Marihuana- oder Haschisch-Genuß wird in manchen Ländern eine leicht aphrodisierende Wirkung zugesprochen. Diese mögliche Wirkung beruht allerdings hauptsächlich auf der durch das THC eingeleiteten Entspannung und Stimmungsverbesserung.

Urinverhalt

Innerliche Anwendung

- Im alten China wurde aus dem zerkleinerten Stamm der Hanfpflanze ein Sud gekocht. Dieser Hanfstielsud wurde als ein hervorragendes harntreibendes Mittel zur Entwässerung angesehen.

Haare

Haarausfall/Haarschuppen

Äußerliche Anwendung

- Frische Hanfblätter ergeben durch Auspressen einen Saft. Dieser Wirkstoff wird in Indien sehr erfolgreich zur Bekämpfung von Haarausfall und Schuppen eingesetzt. Die gesamte Kopfhaut wird dazu mit dem Blättersaft eingerieben, bis das Leiden verschwunden ist.

Läuse

Äußerliche Anwendung

- In Indien werden die Hanfblätter ausgepreßt, und dieser Hanfsaft wird auf die von Läusen befallene Kopfhaut aufgetragen.

Haut

Abszesse

Äußerliche Anwendung
- In vielen Ländern werden Breiauflagen aus Hanfsamen oder Hanfblättern bei Abszessen eingesetzt.

Entzündungen

Innerliche Anwendung
- Das Rauchen von Marihuana oder Haschisch wird in manchen asiatischen Ländern zur Beruhigung eingesetzt. Auch der Genuß von Hanftee dient diesem Effekt.

Äußerliche Anwendung
Mit dem getrockneten Pulver der Hanfblüten werden in Indien und Tibet Hautentzündungen behandelt, besonders wenn der Juckreiz gelindert werden soll.
- Auflagen aus Hanfsamenbrei oder dem Brei aus zerstoßenen frischen Hanfblättern werden in vielen Kulturen angewandt.
- Nicht nur in Tibet wird sogar Neurodermitis wirkungsvoll mit Hanfauflagen behandelt.
- Hanföl leistet mit seiner antiseptischen Wirkung ebenfalls gute Dienste bei entzündlichen Stellen.

Furunkel

Innerliche Anwendung
- Zur Schmerzlinderung könnte unterstützend ein Tee aus Hanfblättern gereicht werden. Bei Furunkeln ist jedoch die äußerliche Behandlung maßgeblich.

Äußerliche Anwendung
- Aus zerstoßenen frischen oder getrockneten Hanfblättern wurde in der Antike ein Brei angerührt, welcher auf die Furunkel aufgetragen wurde. Der heilende Effekt geht mit einer Linderung des Juckreizes und der Schmerzen einher.

Gürtelrose

Äußerliche Anwendung
- Noch im 18. und 19. Jahrhundert wurden in europäischen Kräuterbüchern bei Gürtelrose Auflagen aus Hanfsamenbrei empfohlen.
- In Asien wird teilweise auch eine Auflage aus zerstoßenen frischen Hanfblättern benutzt.

Juckreiz

Äußerliche Anwendung
- Bei Juckreiz hilft, laut indischer Medizin, besonders das trockene Pulver aus zerstoßenen Hanfblättern.
- Juckreiz, beispielsweise verursacht durch Wundhei-

lung, kann auch mit einer Auflage durch Hanfbrei entweder aus frischen zerstoßenen Blättern oder zermahlenen Samen gelindert werden.

Verbrennungen

Verbrennungen, besonders zweiten und dritten Grades, müssen sofort ärztlich behandelt werden. Hier sind keinerlei Experimente sinnvoll.

Äußerliche Anwendung
- In früheren Zeiten wurde kalter Brei aus zermahlenen Hanfsamen auf Verbrennungen aufgelegt.
- Ebenso kannte man früher die kalte Auflage aus zerstoßenen frischen Hanfblättern als Mittel bei Verbrennungen.

Kopf

Herpes

Im alten Rom, in Jamaika und anderen Kulturen wußte man bereits, was die heutige amerikanische Forschung nun ebenfalls herausfand: Die alkoholische Lösung von Hanfblättern und -blüten bekämpft das Herpes-Virus.

Äußerliche Anwendung
- Hanfblätter werden in Alkohol eingelegt und dann auf die befallenen Stellen aufgelegt. Die Heilung wird nachweislich beschleunigt.

Konzentrationsstörungen

Innerliche Anwendung
- Verbotenerweise als Rauch, Tee oder oral genommen, soll Haschisch oder Marihuana auch bei Konzentrationsstörungen helfen. Bei Konzentrationsproblemen, die durch Übernervosität oder innere Unruhe verursacht sind, mag dies möglich sein. Doch die berauschende Wirkung des THCs kann auch das Gegenteil auslösen.
- Bei vielen religiösen Ritualen der Antike und in den alten Hochkulturen wurde Cannabis indica zur Bewußtseinserweiterung und zur spirituellen Erfahrung benutzt. Allerdings sind diese Zustände des erhöhten Bewußtseins nicht mit Konzentration im heutigen Sinne vergleichbar.

Kopfschmerzen

Innerliche Anwendung
- Ein Hanftee wird in Indien gerne zur Entspannung getrunken und lindert gleichzeitig lästige Kopfschmerzen.
- In England wurde im 17. Jahrhundert aus den Hanfwurzeln mit Wasser ein Sud gekocht (Mischungsverhältnis 1:10). Dieser Wurzelsud soll ein wirksames Mittel gegen Kopfschmerzen gewesen sein.

Äußerliche Anwendung
- Ein bewährtes Mittel bei Kopfschmerzen ist das Hanfwasser oder Hanfdestillat aus Cannabis indica. Ein

Tuch wird mit diesem wäßrigen Auszug getränkt und auf die schmerzenden Stellen am Kopf aufgelegt (Stirn, Schläfen, Nacken).

Migräne

Ein Migräneanfall bringt meist Übelkeit bis zum Erbrechen, Schwindel, Lichtempfindlichkeit und kaum zu ertragende Kopfschmerzen mit sich. Hier ist ein schnell wirkendes Mittel gefragt.

Innerliche Anwendung
● Das Rauchen von Haschisch war in der Antike ein bewährtes Mittel zur Behandlung von akuten Migräneanfällen. Die Wirkstoffe können schnell in den Blutkreislauf gelangen und so rasch dem Anfall ein Ende bereiten oder die Migräne zumindest bis auf ein erträgliches Maß mildern.

Äußerliche Anwendung
● Unterstützend kann der teils bei Migräne auftretende Kopfdruck durch das Auflegen von mit Hanfwasser getränkten Tüchern erleichtert werden.

Mittelohrentzündung

Eine Mittelohrentzündung muß ärztlich behandelt werden. Hanf kann lediglich dazu beitragen, die auftretenden Schmerzen zu lindern.

Innerliche Anwendung
- Ein Hanftee kann, nach indischen Heilkundigen, die Schmerzen bei einer Mittelohrentzündung lindern helfen. Eine ärztliche Behandlung ist allerdings unerläßlich.

Nasenbluten

Innerliche Anwendung
- In Mexiko wird bei anhaltendem Nasenbluten eine alkoholische Cannabis-Lösung angewendet. Die Hanfblüten werden in Alkohol eingelegt und dreimal täglich eingenommen. Das im Hanf enthaltene Vitamin K, welches blutstillende Wirkung hat, könnte für diesen Effekt verantwortlich sein. Es gibt jedoch bislang keine Untersuchungen über diese mögliche Wirkweise.

Ohrenleiden

Schmerzen und Entzündungen an den Ohren sollten schnellstens von einem HNO-Arzt untersucht und behandelt werden, da viele schwere Leiden, gerade an den Ohren, oftmals scheinbar harmlos anfangen.

Innerliche Anwendung
- Zur allgemeinen Beruhigung und Schmerzlinderung könnte ein Hanftee, wie es in Indien empfohlen wird, eingenommen werden, wenn es nicht verboten wäre.

Polypen

Innerliche Anwendung
- In Kambodscha sind viele Menschen davon überzeugt, daß tägliches Rauchen von Marihuana Nasenpolypen beseitigt.
- Die abschwellende Wirkung des THCs auf die Schleimhäute ist bekannt. Ob sich Polypen allerdings vollständig durch THC zurückbilden können, bleibt zu untersuchen.

Schnupfen

Innerliche Anwendung
- Durch das verbotene Inhalieren von Marihuana-Rauch bewirkt das THC ein Abschwellen der gereizten Nasenschleimhäute bei Schnupfen.

Schwindel

Schwindel kann viele Ursachen haben und ist als warnendes Signal des Körpers immer ernst zu nehmen. Eine Diagnose durch einen erfahrenen Arzt ist unerläßlich. Schwindel als Symptom einer festgestellten Krankheit wird in asiatischen Ländern mit Hanf behandelt.

Innerliche Anwendung
- Nach ayurvedischen Unterlagen soll der Genuß von Haschisch oder Marihuana als Tee, Rauch oder oral genommen helfen, Schwindel zu beseitigen.

Zahnschmerzen

Zahnschmerzen bedeuten, daß mit den Zähnen etwas
nicht in Ordnung ist. Der Gang zum Zahnarzt sollte um-
gehend erfolgen. Nach der Behandlung könnte Hanf –
wenn es nicht verboten wäre – zur Schmerzlinderung und
Entspannung eingesetzt werden.

Innerliche Anwendung
- Als Tee, Rauch oder oral genommen wird Haschisch
  oder Marihuana in vielen asiatischen Ländern zur Be-
  täubung von Schmerzen eingesetzt.

Äußerliche Anwendung
- Im antiken China wurden Hanfblüten um den schmerzenden Zahn gewickelt, um die Schmerzen vor Ort zu
  betäuben. Eine Zahnbehandlung war dies allerdings
  nicht.

Körper

Anämie

Innerliche Anwendung
- In Indien wird Haschisch zur Behandlung von Blut-
  armut eingesetzt.
- Das Harz der weiblichen Hanfpflanze hat einen besonders hohen Anteil an THC. In der ayurvedischen Medizin wird Haschisch bei Anämie entweder gegessen
  oder als Tee getrunken.

Appetitlosigkeit

Innerliche Anwendung
- Bei Appetitlosigkeit, auch bei schweren Krankheiten (siehe oben), hat sich der Gebrauch von Hanf – trotz Verbots – sehr bewährt. Als Rauch inhaliertes Haschisch oder Marihuana, der Tee aus den Blättern und Blüten oder als Beimischung in Backwaren und Butter hat Cannabis eine stark appetitanregende Wirkung.

Arthritis

Innerliche Anwendung
- Der Hanftee wurde in vergangenen Jahrhunderten auch bei der schmerzhaften Arthritis genossen. Jedoch stand die äußerliche Behandlung im Vordergrund.
- Die Einnahme eines Ansatzes aus Marihuana in Alkohol wurde in der Vergangenheit gegen dieses Leiden sehr geschätzt. Zwei Tage nach dem Ansetzen waren genügend Wirkstoffe im Alkohol. Es wurde dreimal täglich ein Schlückchen davon genommen oder einem Tee hinzugefügt.

Äußerliche Anwendung
- Brei aus frischen zerstoßenen Hanfblättern oder ein Brei aus den Hanfwurzeln waren früher ein bewährtes Mittel, um arthritische Beschwerden zu mildern.
- In manchen asiatischen Ländern wird Marihuana für zwei Tage in Alkohol eingelegt und dann auf die schmerzenden Stellen gerieben.

Bauchschmerzen

Innerliche Anwendung
- In vielen Ländern wird bei Bauchschmerzen ein Tee aus Blättern und Blüten der Hanfpflanze getrunken und wirkt entkrampfend und beruhigend.
- Bei allen Formen von Verdauungsbeschwerden werden in vielen Ländern Hanfsamen gegessen. Sie sollen eine gute Wirksamkeit haben.
- In asiatischen Ländern wird das Haschischrauchen bei Verdauungsbeschwerden eingesetzt.

Äußerliche Anwendung
- Ein Brei aus frischen zerstoßenen Hanfblättern wird in Asien häufig auf den schmerzenden Bauch aufgelegt (bei Körpertemperatur).

Blähungen

Innerliche Anwendung
- Aus den Hanfblüten wird ein Tee oder ein Destillat hergestellt. Die wäßrige Lösung der Hanfblüten war als Trunk im alten China ein wirksames Mittel gegen Blähungen.
- In Indien werden die Hanfsamen gegen Blähungen gegessen.

Cholera

Die Behandlung dieser schweren bakteriellen Darmerkrankung gehört in die Hände eines Arztes. Hanf kann
die Beschwerden zwar lindern, aber nicht heilen.

Innerliche Anwendung
- Die Symptome dieser gefährlichen Darmerkrankung
  sind Übelkeit, Erbrechen und Durchfall. Diese Beschwerden werden in asiatischen Ländern durch einen
  Hanftee aus Marihuana oder Haschisch gemildert. Allerdings wird das ansteckende Bakterium dadurch
  nicht abgetötet.

Durchfall

Innerliche Anwendung
- Aus den frischen oder getrockneten Blättern des Hanfs
  wird in der indischen Medizin ein Tee zubereitet und
  dem Patienten schlückchenweise gegeben.

Äußerliche Anwendung
- Unterstützend wird in Indien auch ein Brei aus zerstoßenen frischen Hanfblättern auf den Unterbauch aufgelegt.

Epilepsie

Das THC im Marihuana oder Haschisch hat eine beruhigende und entkrampfende Wirkung. Obwohl festgestellt

wurde, daß die Krampfanfälle bei Epilepsie mit THC zumindest hinausgezögert werden können, wurde bislang nicht ausgiebig geforscht. Nicht nur das THC des Cannabis indica, sondern auch das nicht berauschende CBD hat eine entkrampfende, also antiepileptische Wirkung.

Innerliche Anwendung
- Der verbotene Konsum von Marihuana oder Haschisch wäre sicherlich eine unterstützende, weil entkrampfende und beruhigende Maßnahme bei Epilepsie.

Erbrechen

Erbrechen ist oftmals eine Begleiterscheinung bei schweren Krankheiten. Die notwendige Nahrungsaufnahme wird natürlich bedeutend erschwert. Hier könnte Hanf gute Dienste tun.

Innerliche Anwendung
Das Rauchen von Haschisch wurde im alten China und Indien gegen Erbrechen eingesetzt. Durch den Rausch gelangen die Wirkstoffe des Cannabis indica besonders schnell in den Stoffwechsel. Bei akutem Erbrechen ist sowohl die Schnelligkeit, mit der ein Mittel wirkt, als auch seine Wirksamkeit von Bedeutung.

Fieber

Innerliche Anwendung
- In Mexiko werden gezuckerte Hanfblüten in Alkohol eingelegt und als Fiebermittel eingenommen.

Äußerliche Anwendung
- Mit kaltem Hanfwasser getränkte Tücher werden in Asien gern zur Fiebersenkung aufgelegt.

Gelbsucht/Hepatitis

Eine Gelbsucht gehört immer in die Behandlung eines Arztes. Hanf kann helfen, die Beschwerden zu lindern.

Innerliche Anwendung
- Im 17. Jahrhundert wurde in England eine Emulsion (Wasser-Öl-Gemisch) aus Hanföl und Hanfsud gegen Gelbsucht verschrieben.
- Als Tee wird in Indien Haschisch bei Gelbsucht verordnet.
- In Tibet wird Haschisch im Buttertee gelöst zur Behandlung dieser Viruserkrankung.
- In der Homöopathie wird Cannabis sativa bei einigen Arten der Gelbsucht eingesetzt.

Äußerliche Anwendung
- Leberauflagen aus zerstoßenen frischen Hanfblättern oder dem Brei aus Hanfsamen waren vor 300 Jahren in Europa keine Seltenheit.

Gicht

Gicht ist eine Stoffwechselkrankheit, bei welcher sich
überschüssige Harnsäure in den Gelenken ablagert.
Schmerzen und Gelenksteifheit sind oftmals die Folge.
Eine ärztliche Behandlung ist unumgänglich. Hanf kann
für die Symptome jedoch Linderung verschaffen.

Innerliche Anwendung
- Der Hanftee wurde in vergangenen Jahrhunderten
  auch bei Gicht genossen. Jedoch stand die äußerliche
  Behandlung im Vordergrund.
- Die Einnahme eines Ansatzes aus Marihuana in Alkohol wurde in der Vergangenheit gegen dieses Leiden
  sehr geschätzt. Dieser Ansatz wurde zwei Tage lang
  stehen gelassen, dann waren genügend Wirkstoffe im
  Alkoholsud gebunden. Es wurde dreimal täglich ein
  Schlückchen davon genommen oder einem Tee hinzugefügt.

Äußerliche Anwendung
- Brei aus frischen zerstoßenen Hanfblättern oder aus
  Hanfwurzeln war früher ein bewährtes Mittel, um die
  Schmerzen bei Gicht und die Verdickung der Gelenke
  zu mildern.
- In manchen asiatischen Ländern wird Marihuana für
  zwei Tage in Alkohol eingelegt und dann auf die
  schmerzenden Stellen gerieben.

Gliederschmerzen

Innerliche Anwendung
- In einem englischen Heilkräuterbuch des 17. Jahrhunderts findet sich ein Hanfrezept gegen Gliederschmerzen: Aus den Hanfwurzeln wird mit Wasser ein Sud gekocht (Mischungsverhältnis 1:10). Dieser Sud soll gegen Gliederschmerzen jeder Art helfen.
- In Indien wird, wie bei allen Schmerzzuständen, auch bei Gliederschmerzen der bewährte Hanftee aus frischen oder getrockneten Hanfblättern gereicht.

Äußerliche Anwendung
- Nach indischen Heilkundigen haben die Auflagen aus zerstoßenen frischen Hanfblättern einen lindernden und kühlenden Effekt bei allen Gliederschmerzen.

Höhenkrankheit

Innerliche Anwendung
- Tibetanische Mönche fanden heraus, daß die berüchtigte Höhenkrankheit durch den Genuß von Marihuana erheblich gemildert wurde. Die Erfolge gehen wohl auf die beruhigende und die Bronchien erweiternde Wirkung des THCs zurück.

Koliken

Innerliche Anwendung
- Gallenkoliken wurden vor 300 Jahren in Europa mit einer Emulsion aus Hanföl und Hanfsud behandelt.

Äußerliche Anwendung
- Zur selben Zeit waren auch Gallenauflagen aus Hanfsamenbrei oder frischer Hanfblätterbrei üblich.

Krebs

Krebs gehört selbstverständlich in ärztliche Behandlung. Allerdings kann Cannabis einige der Symptome, besonders als Nebenwirkung der Chemotherapie, lindern. Die entspannende und beruhigende Wirkung von THC hilft auch über die oftmals den Krebs begleitende psychische Niedergeschlagenheit hinweg.

Innerliche Anwendung
- Marihuana oder Haschisch als Tee oder gegessen (siehe Marys Rezepte) könnte die Übelkeit, das Erbrechen und die Appetitlosigkeit nach einer chemotherapeutischen Behandlung lindern, wenn die Einnahme nicht verboten wäre.

Lebererkrankungen

Innerliche Anwendung
Zur Beruhigung und Abmilderung der Schmerzen wurde im alten China und Indien oftmals Marihuana als Tee verordnet.

Äußerliche Anwendung
* Leberauflagen aus zerstoßenen frischen Hanfblättern oder dem Brei aus Hanfsamen waren vor 300 Jahren in Europa keine Seltenheit.

Magenprobleme

Die Hanfsamen und das Hanföl sind sehr hilfreich bei Magenverstimmungen oder Verdauungsbeschwerden.

Innerliche Anwendung
* Die Samen oder das Öl werden pur gegessen oder dem Essen beigemengt.

Malaria

Innerliche Anwendung
* Das Rauchen von THC-haltigem Harz (Haschisch) verordneten sowohl chinesische als auch indische Heilkundige ihren Malaria-Patienten.

Multiple Sklerose

Bei dieser Krankheit, deren Ursache immer noch nicht bekannt ist, treten häufig Krämpfe (Spasmen) und Zittern (Trembalo) auf. Diese Symptome lassen sich mit THC lindern, wie eine Schweizer Forschergruppe feststellte.

Innerliche Anwendung
- Mit einer täglichen Dosis von 5 mg ließen sich, laut Forschungsgruppe, die Muskelkrämpfe und das Zittern der Gliedmaßen sehr mildern. Die verbotene Einnahme von Haschisch oder Marihuana als Rauch, Tee oder mit der Nahrung würde diese typischen Symptome lindern.

Paraplegie/Quadriplegie

Die Querschnittslähmung bringt ebenso wie die Lähmung der Extremitäten in vielen Fällen unangenehme Muskelzuckungen mit sich. Hier kann THC lindern.

Innerliche Anwendung
- Aus asiatischen Ländern ist bekannt, daß Marihuana als Tee oder geraucht beruhigend und entspannend auch auf Muskelspasmen wirkt. In Deutschland sind manche Ärzte dieser Behandlungsmethode nicht ganz abgeneigt.
- Auch die homöopathischen Hanfmittel könnten in diesem Fall gute Dienste tun.

Rheumatismus

Innerliche Anwendung
- Der Hanftee wurde in vergangenen Jahrhunderten auch bei rheumatischen Schmerzen genossen. Jedoch stand die äußerliche Behandlung im Vordergrund.

Äußerliche Anwendung
- Brei aus frischen zerstoßenen Hanfblättern oder aus Hanfwurzeln war für unsere Vorfahren ein bewährtes Mittel, um rheumatische Beschwerden zu mildern.
- In manchen asiatischen Ländern wird Marihuana für zwei Tage in Alkohol eingelegt und dann auf die schmerzenden Stellen gerieben.

Schmerzen

Schmerzen jeglicher Art können mit Cannabis indica gemildert werden, da dieses natürliche Beruhigungs- und Betäubungsmittel auf das gesamte Nervensystem wirkt.

Innerliche Anwendung
- Verbotenerweise als Tee getrunken, lindert Cannabis indica die verschiedensten Schmerzzustände. Der Naturstoff kann auch als Rauch inhaliert werden, wobei allerdings die gesundheitsschädliche Wirkung des zugleich verwendeten Tabaks berücksichtigt werden sollte. Ebenso kann Haschisch oder Marihuana gegessen werden, beispielsweise in Form von Keksen oder als Butter (siehe Rezept oben).

Äußerliche Anwendung
- Cannabis indica kann als Destillat (mit Hanfwasser getränkte Tücher) oder als Brei aus den Blättern und Blüten auf die schmerzenden Stellen aufgelegt werden.

Schwäche

Schwäche kann viele Ursachen haben: Erschöpfungszustände nach Überaktivität oder als Ergebnis einer auszehrenden Krankheit.

Innerliche Anwendung
- Bei allen Völkern war seit Jahrtausenden bekannt, daß das Rauchen von Marihuana akute Schwächezustände überwinden half. Die erzielte innere Entspannung endete oftmals in einem erholsamen Schlaf.

Schwellungen

Äußerliche Anwendung
- Bei Schwellungen wurde in vielen Kulturen ein Brei aus den zerstoßenen frischen Hanfblättern hergestellt und aufgetragen. Je nach Ursache der Schwellung war der Brei meist kalt oder lauwarm.
- Die Behandlung von Schwellungen mit einem Brei aus zermahlenen Hanfsamen ist aus China bekannt.

Tumoren

Innerliche Anwendung
- Der Hanftee als schmerzlinderndes Mittel wurde im alten Indien unterstützend bei Tumoren gegeben. Das Augenmerk lag allerdings auf der äußerlichen Behandlung mit Blätterbrei.

Äußerliche Anwendung
- Die Heilkundigen Indiens legten auf Tumoren einen Brei aus frischen zerstoßenen Hanfblättern auf. Der zugleich kühlende und beruhigende Effekt der Auflage soll Heilung bringen.

Übelkeit

Innerliche Anwendung
- Das Rauchen von Haschisch (dem Harz der weiblichen Pflanze) wurde im alten China und in der indischen Medizin erfolgreich gegen Übelkeit eingesetzt.

Verletzungen

Innerliche Anwendung
- Auf die schmerzlindernde und entkrampfende Wirkung von gerauchtem oder gegessenem Haschisch oder Marihuana könnte nach der Versorgung einer Wunde zurückgegriffen werden, wenn dies nicht verboten wäre.

Äußerliche Anwendung

- Je nach Art der Wunde wurde in der ayurvedischen Medizin die Behandlung mit Hanf vorgenommen. Alle Hanfauflagen haben den Effekt, daß die Heilung beschleunigt, der Schmerz gelindert und der Juckreiz genommen wird.
- Bei *nässenden* Wunden wurde in Indien ein Pulver aus den getrockneten Hanfblättern hergestellt und die nasse Wunde damit behandelt.
- Bei *frischen* Wunden wurde ein Brei aus den zerstoßenen frischen Hanfblättern hergestellt und aufgetragen.
- Die Wundbehandlung mit einem Brei aus zermahlenen Hanfsamen ist aus China bekannt.

Verspannungen

Innerliche Anwendung

- Der Tee aus Hanfblättern war im alten China und in Indien ein bewährtes Entspannungsmittel.

Äußerliche Anwendung

- Eine Massage mit Hanföl lockert viele Verspannungen und macht die Haut geschmeidig.

Seele

Ebenso wie bei den körperlichen Krankheiten sollte auch bei seelischen Störungen ein erfahrener Arzt oder Therapeut aufgesucht werden. Zunächst ist immer eine gründliche Untersuchung mit anschließender Diagnose nötig. Über die weiteren Behandlungsschritte, auch mit ergänzenden Hanfprodukten, sollte mit dem behandelnden Arzt oder Therapeuten ein beratendes Gespräch geführt werden.

Alkoholismus/Entzug

Bei einer Alkoholsucht müssen körperlicher Entzug und seelische Behandlung gleichzeitig einhergehen. Doch Hanf kann helfen, die Symptome des Entzugs zu mildern.

Innerliche Anwendung
- In Indien wird aus THC-haltigem Hanf ein Tee aus Samen, Blüten und Harz hergestellt, der dem Alkoholiker während des Entzugs täglich gereicht wird.
- Es gibt in Indien einige Klöster, die sich auf den Entzug von Drogen- und Alkoholsüchtigen spezialisiert haben. Neben drastischen innerlichen Reinigungsverfahren und einem harten Disziplinprogramm wird das Teegemisch zur Milderung der Entzugserscheinungen eingesetzt. Der Erfolg spricht für sich. Viele Süchtige aus westlichen Ländern, die alle heimischen Therapien erfolglos durchlaufen hatten, konnten hier von ihrer Sucht befreit werden.
- In Tibet wird bei Alkoholsucht dem täglichen Tee aus Butterschmalz und heißem Wasser ebenfalls Haschisch oder Marihuana beigemengt. Die körperlichen Entzugserscheinungen sollen stark gemildert sein.

Alpträume

Alpträume können vielfach durch beruhigende Maßnahmen verscheucht werden.

Innerliche Anwendung
- Der Hanftee, gerauchtes oder gegessenes Haschisch oder Marihuana könnten bei Alpträumen gute Dienste tun, wenn deren Einnahme nicht verboten wäre.
- In der Homöopathie wird Cannabis indica D 6 in manchen Fällen von Alpträumen erfolgreich eingesetzt.

Amphetaminsucht

Die süchtig machenden Amphetamine (Weckmittel) stellen besonders in der Leistungsgesellschaft ein großes Problem dar. Die medizinische Forschung setzt bei Amphetaminsucht THC zum Entzug ein. Die beruhigende, entkrampfende und den Kreislauf stabilisierende Wirkung des THCs ist besonders bei diesem Entzug von großem Nutzen.

Innerliche Anwendung
- Als Tee oder oral gegeben, könnte Marihuana oder Haschisch den Amphetaminentzug erleichtern, falls dies nicht verboten wäre.

Beruhigungsmittelsucht

Die Abhängigkeit von synthetischen Beruhigungsmitteln
ist mittlerweile fast zu einer Volkskrankheit geworden.

Innerliche Anwendung
- Wie bei allen Entzugsbehandlungen wäre auch hier die
  Einnahme von Haschisch oder Marihuana als Tee oder
  im Essen eine große Hilfe, wenn es nicht verboten
  wäre.
- In Brasilien werden, ähnlich wie in Jamaika, Hanfblüten in Alkohol eingelegt. Der Ansatz wird täglich mit
  den Blüten zusammen eingenommen und hilft während des Entzugs, Entspannung und Beruhigung zu
  finden.

Depressionen

Depressionen, die vorübergehend sind oder verbunden
mit Krankheiten auftreten, könnten gut mit Cannabis behandelt werden, wenn es nicht verboten wäre. Chronische
Depressionen, die seelische Ursachen haben, gehören in
therapeutische Behandlung.

Innerliche Anwendung
- Bei allen Depressionen, besonders als Folge von
  schweren Krankheiten, hat Cannabis eine stark aufhei-
  ternde und beruhigende Wirkung. Die Stimmungsaufhellung kann durch jede Form des innerlichen (verbotenen) Konsums erzielt werden.

- Aus den Blättern und Blüten kann ein Tee bereitet werden. Diese Pflanzenteile können auch frisch oder getrocknet in Backwaren oder Butter verzehrt werden (siehe Rezepte oben). Ebenso hat das Rauchen von Haschisch oder Marihuana eine antidepressive Wirkung. Doch diese Anwendungen sind alle verboten.

Heroinsucht

Durch die entspannende und beruhigende Wirkung könnte THC bei einem Entzug von Heroin wirkungsvoll verwendet werden. Selbst Schulmediziner setzten THC beim Drogenentzug bereits ein, bevor die Verbote ihre Forschungen beendeten.

Innerliche Anwendung
- Wie bei vielen Entzugstherapien wird Haschisch oder Marihuana als Tee oder oral eingenommen in vielen asiatischen Ländern erfolgreich bei Heroinabhängigkeit angewandt.

Hysterie

Durch die beruhigende und entspannende Wirkung des THCs ist davon auszugehen, daß auch bei der Hysterie eine Milderung der Symptome zu erreichen wäre.

Innerliche Anwendung

● Der Marihuana-Tee oder das Rauchen von Haschisch
  wurde früher vielfach als Beruhigungsmittel bei hyste-
  rischen Zuständen eingesetzt.

Manie

Eine manische Erkrankung gehört in therapeutische Behandlung. Da die Manie sowohl einen depressiven als
auch einen übersteigert fröhlichen Zustand kennt, wäre
die beruhigende und entspannende Wirkung des THCs
eventuell zur Milderung der Stimmungsschwankungen ein
wirksames Mittel.

Innerliche Anwendung

● Als Tee, Rauch oder oral eingenommen, begegneten
  viele Naturvölker dieser seelischen Erkrankung mit
  Marihuana oder Haschisch.

Nervenleiden/Nervosität

Viele Nervenleiden haben als begleitende Symptome innere Unruhe, Nervosität und Unausgeglichenheit. Wie bei
allen Krankheiten sollte auf keinen Fall auf ärztliche oder
therapeutische Behandlung verzichtet werden. Die Stimmungsaufhellung des Hanfs täte vielen Patienten gut.
Ebenfalls ist die appetitanregende Seite des Cannabis
indica oftmals eine wünschenswerte Begleiterscheinung.

Innerliche Anwendung
- Als Tee, Rauch oder oral genommen, entfaltet THC-haltiger Hanf eine beruhigende, entspannende und ausgleichende Wirkung. Die verbotene Anwendung würde bei vielen Nervenleiden eine große Linderung der begleitenden Symptome bringen.

Schlafmittelsucht

Wie bei allen Suchtkrankheiten könnte auch hier Hanf durch seine entspannende und beruhigende Wirkung beim Entzug helfen. Leider sind Hanfpräparate zur Zeit in Deutschland noch verboten.

Innerliche Anwendung
- Die entspannende und beruhigende Wirkung entfalten sowohl Haschisch als auch Marihuana als Tee, geraucht oder gegessen.
- Auch in der Homöopathie werden Hanf-Mittel zur Behandlung von Suchtkrankheiten eingesetzt.

Tobsucht/Wutanfälle

Bei diesen seelischen Leiden, deren Ursprung noch nicht vollständig geklärt ist, kann Beruhigung immer helfen. Dennoch wäre es in jedem Falle ratsam, therapeutische Hilfe in Anspruch zu nehmen. Die beruhigende und entspannende Wirkung von THC könnte auch bei diesem seelischen Leiden gute Dienste tun.

Innerliche Anwendung
- Als Tee, Rauch oder oral genommen, wird in manchen asiatischen Ländern Haschisch oder Marihuana zur Behandlung eingesetzt.

Sprossen, Samen, Öl –
Cannabis in der Küche

Kochen und Zubereiten mit Hanf

Die Grundlage aller folgenden Rezepte sind die äußerst gesunden Hanfsamen, meist in pürierter Form, das Hanföl und Hanfsprossen. In Hanf-Häusern, manchen Reformhäusern und Bioläden können die Hanfsamen, meist in 500-Gramm-Paketen, für 5 DM bis 7 DM erstanden werden.

Die Hanfsamen dürfen zum Zerkleinern nicht in die Getreidemühle gegeben werden. Die Körner sind sehr ölhaltig und verschmieren das ganze Gerät! Am besten eignet sich zum Zerkleinern von Hanfsamen ein Pürierstab oder ein Küchenmixer mit Pürieraufsatz.

Vorspeisen und Suppen

Hanf-Paste
Möchten sie nur eine kleine Vorspeise, quasi als Appetitanreger und Hungerdämmer, reichen, bieten sich die Hanfpaste und der Hanf-Dip (siehe unten) an. Mit frischem Brot, zum Beispiel dem Hanf-Kräuterbrot, ist dies eine schöne »Überbrückung« bis zum Hauptgericht.

- 200 bis 300 g Hanfsamen (fein püriert mit dem Mixer oder dem Pürierstab)
- 2 bis 3 El Hanföl
- 50 bis 100 g Schafskäse (mit 60 Prozent Fettanteil, also weich in der Konsistenz)
- Spritzer Zitronensaft
- wenig Salz, Pfeffer

Die Hanfsamen fein pürieren, das Hanföl hinzufügen und unterrühren. Dann den Schafskäse hinzufügen und mit pürieren. Mit Zitronensaft, Salz und Pfeffer würzen. Probieren Sie, wieviel Schafskäse Ihrem Geschmack entspricht. Die Paste sollte etwas dicklich sein, aber gut streichfähig. Falls die Paste zu fest wird, kann noch ein wenig Hanföl hinzugefügt werden. Zusammen mit dem Hanf-Kräuter-Dip als frischem Gegenpol ist die Paste ein schöner Appetizer auf frischem Brot.

Hanf-Panade für Gemüseplatte
Als Vorspeise ist eine Gemüseplatte eine wahre Gaumenfreude. Wenn Sie Gäste haben, sollten Sie die Gemüsestückchen wohldosiert auf die Vorspeise-Teller legen, denn die Gemüseplatte schmeckt so gut, daß man darüber das folgende Hauptgericht vergessen könnte.

- Zucchini, Aubergine, Fenchel, Blumenkohl (oder Gemüse nach Saison/Geschmack)
- 100 bis 150 g Hanfsamen (fein püriert mit dem Mixer oder dem Pürierstab)
- 1 Ei

- 50 bis 75 g Schafskäse (60 Prozent Fettanteil, sehr weich in der Konsistenz)
- Salz, Pfeffer, Sojasoße

Wählen Sie vier bis fünf Gemüsesorten aus. Für jeden Gast gibt es als Vorspeise eine Scheibe von jedem Gemüse. Die Zucchini und die Aubergine in ca. 1 cm dicke Scheiben schneiden. Den Fenchel waagerecht auf das Brett legen und waagerechte Scheiben von höchstens ½ cm Dicke schneiden. Zucchini, Aubergine und Fenchel in heißes Fett (zum Beispiel Hanföl) in die Pfanne legen und von beiden Seiten braun und gar braten, mit Sojasoße würzen. Falls Sie zusätzlich Blumenkohl, Brokkoli oder Rosenkohl verwenden möchten, müssen diese Gemüsesorten in Röschen (außer natürlich Rosenkohl) geteilt und in sprudelndem Salzwasser blanchiert werden. Die gebratenen und die gekochten Gemüsestücke auf Küchenkrepp abtropfen lassen. Aus dem Hanfpüree mit einem großen Ei, dem Schafskäse und Pfeffer eine zähe breiige Panade anrühren. Die Gemüsescheiben darin wälzen, bis sie vollständig von der Panade bedeckt sind. Die panierten Gemüsestücke noch einmal in die Pfanne (mit reichlich Öl) geben und backen, bis die Hanfpanade goldbraun und knusprig ist. Dazu wird ein Dip (siehe unten) gereicht. Da diese Vorspeise sehr sättigend sein kann, sollten wirklich nur wenige Gemüsestücke auf dem Vorspeise-Teller liegen. Allerdings können Sie diese schmackhafte Vorspeise auch zu einem Hauptgericht ausweiten. Es spricht nichts dagegen, als Getränk dazu den würzig-frischen Dao zu reichen.

Hanfsamen-Cremesuppe

Die reine Hanfsamensuppe ist hier als Vorspeise für vier Personen gedacht. Als Hauptgericht reichen die Mengenangaben für zwei Personen. Haben Sie mehr Gäste, können die Mengen entsprechend gesteigert werden.

- 250 Gramm Hanfsamen
- Butter
- ¾ l Gemüse- oder Fleischbrühe.
- 1 Bund Suppengemüse oder/und Gemüse nach Saison
- eventuell grob zerstoßene Pistaziennüsse
- Salz, Pfeffer, Sojasoße, eventuell einen Schuß Sherry (medium)
- Crème fraîche und/oder süße Sahne

Die Hanfsamen in einem breiten Topf in Butter kurz leicht anrösten (Vorsicht, kein Popcorn produzieren!). Zu den Samen gießt man einen ¾ Liter Gemüsebrühe oder Fleischfond und läßt die Samen in der Brühe eine bis eineinhalb Stunden köcheln (mittlere Hitze). Es sollte darauf geachtet werden, daß die Masse nicht zu dickflüssig wird und am Topf zu kleben beginnt. Der Topfdeckel sollte geschlossen bleiben, damit nicht zuviel verdunsten kann. Falls doch eine stärkere Reduktion erfolgt ist, etwas Wasser hinzufügen. Abkühlen lassen und mit dem Pürierstab pürieren. Durch ein feines Sieb streichen. Die Suppe sieht jetzt milchig aus. In einer Pfanne werden nun kleine Gemüse-Würfelchen (Zwiebeln. Porree, Möhren, Sellerie, eventuell Fenchel, Brokkoli, Blumenkohl, Champignons) angebraten und mit Sherry gelöscht. Das gebratene Gemüse zur Suppe gegeben. Mit Salz (Selleriesalz ist für Suppen besonders geeignet!), Pfeffer (am besten aus der Pfeffermühle), und Sojasoße abschmecken. Crème fraîche und/oder süße Sahne hineingeben. Grob zerstoßene Pistaziennüsse (ungesalzen) unterstreichen den leicht nussigen Geschmack der Hanfsamen. Als Serviervorschlag kann auf die Suppenportionen auch ein Sahnehäubchen (geschlagene süße Sahne) gesetzt werden, welches mit frischen Hanfkeimlingen dekoriert wird.

Backwaren

Hanf-Pizza
- 175 g Weizenmehl
- 75 g Hanfsamen (mit dem Mixer oder dem Pürierstab fein püriert)
- 2 TL Kümmel (gemahlen)
- 30 g Hefe (oder 1 Päckchen Trockenhefe)
- 1 TL Meer- oder Jodsalz (gestrichen)
- ca. 150 ml Buttermilch
- 3 EL Hanföl
- 50 g Butter (zerlassen)

Das Mehl, die fein pürierten Hanfsamen und den Kümmel vermischen. In die Mitte eine Mulde drücken. Die Hefe und das Salz mit der Buttermilch (Zimmertemperatur) in einem anderen Gefäß zu einer klumpenfreien Flüssigkeit verrühren. Die Hefe sollte sich ganz auflösen. Diese Hefeflüssigkeit in die Mehlmulde gießen und alles leicht verrühren. Dann die Butter und das Hanföl hinzugeben und wieder verrühren. Der Teig wird nun mit der Küchenmaschine oder per Hand gründlich geknetet. Der Teig ist gut, wenn er nicht mehr in der Schüssel haften bleibt, sondern eine homogene Kugel bildet. Dann abgedeckt mit einem feuchten Geschirrhandtuch 1 Stunde gehen lassen. Danach nochmals durchkneten und zu einem dünnen Teigboden ausrollen. Den Pizzaboden auf ein gefettetes oder mit Backpapier ausgelegtes Blech geben. Dieser Pizzaboden kann nach Geschmack belegt werden. Die fertige Pizza wird in den kalten Backofen geschoben und bei 220° C eine halbe Stunde gebacken (bei Umluft 200° C).

Hanf-Kräuterbrot
- 200 g Hanfsamen (mit dem Mixer oder dem Pürierstab zu Mehl verarbeiten)
- 200 g Weizen-Vollkornmehl (Type 1200)
- 1 Päckchen Trockenhefe
- 275 ml Buttermilch
- ca. 100 ml Wasser
- 1 TL Kümmel (gemahlen)
- 1 TL Koriander (gemahlen)
- 1 TL Salz
- frische gehackte Kräuter, zum Beispiel Petersilie, Schnittlauch, Borretsch, Hanfkeimlinge

Das Mehl, den fein pürierten Hanfsamen, Kümmel und Koriander mit der Trockenhefe verrühren. Die Buttermilch hinzufügen und den Teig gut durchkneten. Reicht die

Feuchtigkeit durch die Buttermilch nicht aus, um einen zähen, aber homogenen Teig zu formen, immer jeweils etwas Wasser hinzufügen. Vorsicht: Der Teig darf nicht dünn oder zu feucht werden. Es sollte sich eine knetbare, aber homogene Masse bilden. So lange kneten, bis der Teig von den Händen leicht abfällt und kaum noch klebt. Da das Teigkneten anstrengend werden kann, empfiehlt es sich, den Teig in einer guten Küchenmaschine 20 Minuten lang kneten zu lassen. Sie können aber auch per Hand kneten. Je länger ein Teig geknetet wird, um so lockerer wird das Brot im Anschluß. Den Teig in der Schüssel unter einem feuchten Geschirrtuch ruhen lassen. Innerhalb der nächsten halben Stunde fängt er an zu gehen. Den Teig zwischen 40 Minuten und einer Stunde insgesamt gehen lassen.

Nach Ablauf dieser Zeit den Backofen auf 220° C vorheizen (bei Umluft 200° C). Jetzt wird der Teig nochmals durchgeknetet, und die frischen Kräuter werden hinzugefügt. Danach kann der Teig zu einem Brot geformt und auf das Backblech gelegt werden. Man sollte den Brotteig nur frei auf ein Blech legen, wenn man sicher ist, daß er die richtige Konsistenz hat. Ist der Teig zu weich, zerfließt er, und das Resultat ist ein Fladenbrot. Es bietet sich also eine mit Fett eingeriebene Kastenform zum Backen an oder auch ein kleiner Römertopf.

In der Backform sollte der Teig noch einmal 20 Minuten gehen. Dann kommt er in den Backofen, und nach einer Viertelstunde kann der Ofen auf 175° C heruntergeschaltet werden. Das Brot wird 45 Minuten bei dieser Temperatur gebacken. Mit einer feinen Stricknadel in das Brot stechen. Falls noch feuchter Teig an der Nadel haften bleibt, muß das Brot noch ein wenig länger im Ofen bleiben, aber nicht länger als eine Viertelstunde zusätzlich.

In jedes Kuchen- oder Keksrezept können Sie das Hanfsamen-Püree integrieren.

Es kann immer ein Viertel der angegebenen Mehlmenge durch pürierte Hanfsamen ersetzt werden.

Pfannengerichte

Hanf-Frikadellen

Die Hanf-Frikadellen können es geschmacklich ohne weiteres mit Fleischfrikadellen aufnehmen. Im Gegenteil, durch das würzige Aroma bilden sie eine echte vegetarische Alternative. Zu den Hanf-Frikadellen können Gemüse, Reis oder Kartoffeln und Soße gereicht werden.

- 100 g Hanfsamen (die Samen im Mixer oder mit dem Pürierstab pürieren)
- Butter
- 1 mittelgroße Zwiebel
- 2 Eier
- Wasser
- 50 g Semmelbrösel
- 1 Bund Petersilie
- 80 g geriebenen Gouda
- Selleriesalz, Pfeffer, Gewürze nach Geschmack

Die Zwiebel würfeln und in zerlassener Butter in einem Topf braun braten. Etwas salzen, damit sich kein Wasser bildet. Die pürierten Hanfsamen dazugeben, nachsalzen und soviel Wasser hinzufügen, daß sich ein dicklicher Brei bildet (ca. ½ Tasse Wasser). Kurz aufkochen lassen, die Herdplatte ausschalten und zehn Minuten ziehen lassen. Die Masse muß nun abkühlen.

Danach geriebenen Gouda, Semmelbrösel und die gehackte Petersilie unterrühren und die Masse würzen. Salz und Pfeffer nach Geschmack, aber es können auch zusätzlich andere Gewürze, wie Majoran oder Basilikum, verwandt werden. Aus diesem Teig werden nun Frikadellen geformt und in Butter von beiden Seiten braun gebraten.

Hanf-Pfannkuchen
- 100 g Mehl
- 50 g Hanfmehl (die Samen im Mixer oder mit dem Pürierstab pürieren)
- 1 Prise Salz
- 1 Ei
- ½ l Milch
- Öl oder Butter zum Braten

Die Zutaten zu einer zähen Masse verrühren und mit einer Kelle portionsweise in das erhitzte Öl in der Pfanne geben. Wollen Sie die Pfannkuchen warm essen, heizen Sie am besten den Backofen vor und legen dort die fertig gebratenen Pfannkuchen auf einem Teller hinein.

Aus Gemüse, Pilzen, Käse oder Schinken läßt sich eine würzige Füllung herstellen. Die Pfannkuchen können aber auch süß genossen werden. Mit Zucker bestreut, mit Honig oder Ahornsirup beträufelt, mögen Kinder sie meist am liebsten. Apfelmus, Obstmischungen oder Kompott essen manche erwachsene Leckermäuler ebenfalls gern zu den Hanf-Pfannkuchen.

Geschnetzeltes mit Hanfsamen

- 300 g Fleisch (Rind, Schwein, Pute oder Lamm)
- 50 g Hanfsamen
- Hanföl, Butter
- Sahne und/oder Crème fraîche
- Salz, Pfeffer und Gewürze
- Sherry (medium)

Das Fleisch in dünne Streifen schneiden (ca. 4 cm lang und 1 cm breit). Hanföl in der Pfanne erhitzen, und die gesalzenen Fleischstreifen braun braten. Der Bratvorgang sollte unter mehrfachem Wenden der Streifen nicht länger als vier Minuten dauern, da das Fleisch sonst trocken wird. Das Fleisch mit Sherry (medium) ablöschen und warten, bis der Alkohol verdunstet ist.

Die Pfanne vom Feuer nehmen, pfeffern und mit den gewünschten Gewürzen bestreuen. Nun in einem Topf Butter zerlassen und darin die ganzen Hanfsamen kurz anbraten. Die gebräunten Hanfsamen mit der Butter zu dem Fleisch geben und das Ganze noch mal unter ständigem Rühren aufkochen lassen. Süße Sahne und/oder Crème fraîche hinzufügen, und alles köcheln lassen, bis die Soße ein wenig eingedickt ist.

Zu diesem Gericht eignen sich vorzüglich der Hanf-Reis als Beilage und ein frischer Salat.

Aufläufe

Feinschmecker-Hanf-Auflauf
Diese Delikatesse sollten Sie Ihren Gästen wirklich nur
servieren, wenn Sie bereit sind, dieses recht aufwendige
Gericht immer wieder zu machen! Es ist eine würzig feine
Gaumenfreude, die noch dazu gesund ist.

- 3–4 Tassen Hanfsamen
- 200 g Champignons
- 300 g Blattspinat
- Hanföl, Butter
- Zwiebeln, Knoblauch
- ca. ¼ l Gemüsebrühe
- 3 Eier
- 1 Becher süße Sahne
- 150 g geriebener Käse (mittelalter Gouda oder ähnlich
  würzige Sorte)
- Salz, Pfeffer, Muskat, Kräuter, Sojasoße
- etwas Zitronensaft

Eine Zwiebel würfeln und in einem Topf in Hanföl anbraten. Wenn die Zwiebeln braun sind, die zwei vollen Tassen
Hanfsamen und die Gemüsebrühe hinzugeben. Die Hanfsamen sollten mindestens zwei Fingerbreit mit der Brühe
bedeckt sein. Eine Stunde kochen lassen. Während der
Kochzeit werden die Gemüsefüllungen vorbereitet.
    Die Champignons waschen, putzen und in dünne Schei-
ben schneiden. In einer Pfanne Butter zerfließen lassen und
eine weitere gewürfelte Zwiebel darin anbraten. Sind die

Zwiebelwürfel glasig, werden die Pilze hineingegeben. Salzen, pfeffern und dünsten (ca. zehn Minuten). Etwas Zitronensaft und Sojasoße über die Champignons träufeln.

Hanföl in die Pfanne geben und erhitzen. Zwei bis drei Knoblauchzehen mit der Knoblauchpresse zerkleinern und in die Butter geben. Etwas salzen und den Knoblauch glasig werden lassen. Nicht bräunen, da er sonst bitter werden könnte. Den Blattspinat hinzufügen und braten. Salz, Pfeffer, Muskat und Sojasoße nach Geschmack unter den Spinat geben. Unter ständigem Wenden den Spinat fünf Minuten anbraten.

Die Eier trennen, und das Eiweiß steif schlagen. In eine Schüssel Eigelb, Sahne und geriebenen Käse verrühren und mit Salz, Pfeffer, Sojasoße würzen. Zum Schluß wird der Eischnee unter die Sahne-Ei-Käse-Masse gehoben.

Eine Auflaufform einfetten. Inzwischen sollten die Hanfsamen fertig gekocht und aufgegangen sein. Alle Flüssigkeit sollte verdunstet sein. Einen Teil der gekochten Hanfsamen auf den Boden der Auflaufform schichten. Darüber kommt der Spinat. Eine Schicht mit gekochten Hanfsamen darüber legen. Als nächstes kommt die Schicht mit den Champignons. Den Rest der Hanfsamen als oberste abschließende Schicht hinzufügen. Die Sahne-Ei-Käse-Mischung über den Auflauf gießen. Wenn Sie mögen, können Sie zum Abschluß noch ein wenig geriebenen Käse über den Auflauf streuen. Im vorgeheizten Backofen 45 Minuten bei 220° C (Umluft 200° C) backen lassen.

Als erfrischende Beilage können zu diesem Auflauf der Hanf-Dip und ein Salat gereicht werden. Es kann auch Tomatensoße dazu gegessen werden.

Würziger Hanf-Kranz

- 200 g Hanfsamen (die Samen im Mixer oder mit dem Pürierstab pürieren)
- 150 g Weizenschrot
- 3 Eier
- ½ l Gemüsebrühe
- 125 g geriebener Käse
- 1 große Zwiebel
- Sesam
- Butter
- Selleriesalz, Curry, Muskatnuß, evtl. Sojasoße

Etwas Butter im Topf zerlassen, und die gewürfelte Zwiebel mit Selleriesalz und viel Curry anbraten. Die pürierten Hanfsamen und das Weizenschrot hinzufügen. Unter ständigem Rühren etwas mitrösten (nicht braun werden lassen!). Die Gemüsebrühe hineingeben und unter ständigem Rühren aufkochen lassen. Die Herdplatte ausschalten, und das Gericht ca. 20 Minuten quellen lassen.

Eine Kranzform einfetten und mit Sesam ausstreuen. Den Ofen auf 200° C vorheizen. Die Eier trennen, und aus dem Eiweiß Eischnee schlagen. Ist die Hanfmasse lange genug gezogen und abgekühlt, werden das Eigelb und der geriebene Käse untergerührt. Mit Selleriesalz, Muskatnuß und eventuell etwas Sojasoße abschmecken. Zum Schluß wird der Eischnee untergehoben. Die Masse in die Kranzform füllen und bei 200° C (Umluft 180° C) 50 Minuten backen.

Ist der Auflauf fertig, wird er auf eine große angewärmte Platte gestürzt. Die Mitte wird mit einem Gemüse nach

Wahl gefüllt. Gebratener Spinat, eine Champignonsoße oder ein Paprika-Rahm-Gemüse passen hervorragend dazu. Zum Servieren werden Scheiben aus dem Auflauf geschnitten und Gemüse dazu gereicht. Ein frischer Salat kann das Gericht abrunden.

Süßspeisen und Desserts

Hanf-Pralinen

- 100 g Hanfsamen
- 100 g gehackte Mandeln
- 100 g Kokosflocken
- 20 g Sesam-Samen
- 50 g Sonnenblumenkerne
- ca. 150 ml Honig

Die Hanfsamen in der Pfanne in Butter rösten, andere Kerne dazugeben und etwas mitrösten. Vorsicht: Die Mischung nicht anbrennen oder bräunen lassen! Den Honig hinzufügen, und die Masse in der Pfanne verrühren, bis sie weich ist. Dann auf einem Teller dünn verstreichen und abkühlen lassen. Aus der kühlen Masse können Bällchen oder zylindrische Röllchen geformt werden. Die orientalischen Pralinen in Sesam oder grob zerstoßenen Pistazien wenden. In die Mitte der herzhaften Pralinen können auch beim Formen zum Beispiel eine Dattel oder Feige eingerollt werden. Diese Leckerei läßt sich ca. 14 Tage lang aufheben.

Die Hanf-Pralinen können zum Kaffee oder Tee gereicht werden. Sie können aber auch als extra Garnierung auf einem Eisbecher oder einem süßen Hanfbrei ihren Platz finden.

Hanf-Waffeln

- 125 g Butter
- 175 g Mehl
- 80 g Hanf-Mehl (die Samen im Mixer oder mit dem Pürierstab pürieren)
- 3 EL Honig oder Ahornsirup
- 3 Eier
- 1 Prise Salz
- 1 Prise Backpulver
- Milch

Fett, Zucker, Eier miteinander verrühren, bis sich eine schaumige Masse ergibt. Mehl und Backpulver in kleinen Portionen zugeben und verrühren. Um Klümpchen zu vermeiden, können Sie die Mehl/Backpulver-Mischung durch ein Sieb geben. Am Ende ein wenig Milch hinzufügen, bis sich ein sehr dickflüssiger Teig ergibt. Der Teig wird nun portionsweise in das Waffeleisen gefüllt. Die fertigen Waffeln können einfach mit Puderzucker bestreut oder aber weiterverarbeitet werden zu einem aufwendigerem Nachtisch.

Eine frische Waffel mit einer Kugel Vanilleeis und heißer Kirschsoße hat schon manchen Gast seine Diät spontan aufgeben lassen. Auch einer Waffel mit Schlagsahne, warmer Schokoladensoße und mit Pistazienraspeln oder Sesam bestreut kann kaum jemand widerstehen.

Süßer Hanfbrei
- Hanfsamen (ca. 50 g pro Portion)
- Milch
- Honig (oder Zucker)
- Nüsse, Obst, Vanille-, Schokoladen- oder Fruchtsoße

Hanfsamen mit Wasser kochen (ca. eine Stunde). Das Wasser sollte die Samen zwei Finger breit bedecken. Während des Kochens bei mittlerer Hitze immer wieder etwas Wasser hinzufügen, wenn es zu sehr verdampft ist. Sobald die Samen gar sind, das restliche Wasser abgießen und die gekochten Samen pürieren. Zu dem Hanfsamenpüree etwas Milch und Honig (oder Zucker) geben, und das Ganze noch einmal kurz aufkochen, damit sich ein Brei bilden kann. Dieser süße Hanfbrei kann pur genossen werden, zum Beispiel mit Ahornsirup als süßer Soße. Der Hanfbrei kann jedoch, nach dem letzten Aufwallen, noch verfeinert werden mit gehackten Nüssen nach Wahl (zum Beispiel Walnüsse, Haselnüsse oder Erdnüsse etc.).

Den Brei in Portionsschalen geben und erkalten lassen. Der süße Hanfbrei kann als Nachspeise mit Vanille- oder Schokoladensoße serviert werden. Am besten schmecken jedoch immer noch frische Früchte als Zusatz, besonders Himbeeren oder Erdbeeren. Auch eine Fruchtsoße paßt hervorragend zu dem süßen Hanfbrei mit Nüssen.

Getränke

Kräuter-Hanf-Dao

Dieser köstliche Joghurtdrink ist in Indien, Pakistan, Persien und vielen anderen asiatischen und afrikanischen Ländern bekannt unter den verschiedensten Namen.

- ½ l reine Buttermilch
- 500 g Joghurt (3,5% Fettanteil)
- Wasser
- 1 TL getrockneten und gerebelten Pfefferminztee
- 50 g pürierte Hanfsamen
- eine gute Handvoll frischer Hanfkeimlinge, fein gehackt
- Schnittlauch und frische Kräuter nach Wahl (püriert mit dem Pürierstab)
- Prise Meer- oder Jodsalz (auch Selleriesalz ist für diesen Dao hervorragend geeignet)

Den Joghurt mit einem Küchenmixer oder einem Milk-Skake-Gerät mit der Buttermilch und dem Schuß Wasser verquirlen. Dann die fein gehackten Kräuter, Hanfkeimlinge und die pürierten Hanfsamen mit einer Prise Salz dazu geben, verquirlen – und fertig ist das köstliche Sommergetränk. In eine große Karaffe füllen und in den Kühlschrank stellen. Den Dao serviert man am besten in Longdrink-Gläsern mit dickem Strohhalm. Als kleinen Verzierung können Hanfkeime auf das Getränk in den Gläsern gegeben werden.

Mango-Hanf-Dao
- ½ Liter reine Buttermilch oder Schwedenmilch
- 500 g Joghurt (3,5% Fettanteil)
- Wasser
- 2 Mangos (mit dem Pürierstab zu Fruchtmus pürieren)
- 50 g pürierte Hanfsamen
- eine gute Handvoll frischer Hanfkeimlinge, fein gehackt
- Mandelsirup oder Ahornsirup

Den Joghurt mit einem Küchenmixer oder einem Milk-Skake-Gerät mit der Buttermilch und einem Schuß Wasser verquirlen. Dann das pürierte Mango-Mus, die pürierten Hanfsamen und gehackten Hanfkeimlinge dazugeben und verquirlen. Den Mandel- oder Ahornsirup hinzufügen, verrühren und abschmecken. Den Grad der Süße müssen Sie nach Ihrem Geschmack selbst bestimmen. In eine große Karaffe füllen und in den Kühlschrank stellen. Den Dao serviert man am besten in Longdrink-Gläsern mit dickem Strohhalm. Als kleine Verzierung können Hanfkeimlinge auf das Getränk in den Gläsern gegeben und eine kleine Mangoscheibe auf den Glasrand gesteckt werden.

Bei dem süßen Dao kann auch statt Buttermilch Sojamilch verwendet werden.

Hanf als Beigabe zu verschiedenen Gerichten

Hanf-Popcorn

* eine gute Handvoll Hanfsamen

Den Hanfsamen in einer Pfanne mit wenig Butter unter geringer Hitze langsam aufpoppen. Vorsicht: Die Samen werden bei zu großer Hitze schnell schwarz, und dann sind alle positiven Inhaltsstoffe verbrannt. Falls Sie größere Mengen vom Hanf-Popcorn machen möchten, gilt, daß der Pfannenboden zwar bedeckt sein darf, aber nicht so voll, daß quasi eine zweite Schicht Samen darin liegt. Die Samen müssen direkt in der erhitzten Butter liegen.

Mit Salz ist das Hanf-Popcorn eine leckere, herzhafte und gesunde Knabberei. Das salzige Hanf-Popcorn kann auch auf Salate oder Suppen gestreut werden.

Mit Salz und verschiedenen Gewürzen ergibt sich für das Hanf-Popcorn die jeweils zum Gericht passende Geschmacksrichtung. Hat man zum Beispiel italienisch gekocht, könnte dem Hanf-Popcorn Basilikum, Oregano oder Majoran beigemischt werden. Diese Variante paßt vorzüglich als Extra-Überraschung auf den gemischten Salat. Auch indische Gerichte können mit einem Curry-Hanf-Popcorn garniert werden.

Mit Zucker oder Honig gesüßt, schmeckt der Samen als Popcorn besonders gut in Quarkspeisen oder im Müsli. Auch Obstsalat mit süßem Hanf-Popcorn hat schon viele Liebhaber gefunden. Aus dem süßen Popcorn läßt sich auch durch Schokoladenüberzug eine leichte selbstgemachte Näscherei herstellen.

Hanfsamen-Sprossen

Die Anzucht von Hanfsamen-Sprossen gilt gesetzlich als Versuch der Hanfzucht und ist entsprechend auch verboten! Dabei spielt der THC-Gehalt keine Rolle. Allerdings unterscheiden sich Hanfkeimlinge optisch kaum von Brunnenkresse oder Weizenkeimlingen.

Keimlinge aus Hanfsamen würden folgendermaßen gezogen:

- Die Samenkörner werden über Nacht in einer Schale eingeweicht. Es sollte nur soviel Wasser hinzugegeben werden, daß die Samen feucht sind. Nicht zuviel Wasser, damit keine Gärung entsteht. Die Samen sollten nicht in Wasser schwimmen!
- Dann sollten sie drei Tage lang bei Sonnenlicht auf der Fensterbank keimen. Mindestens dreimal täglich spülen und das Wasser gegen frisches Wasser austauschen. Es ist besonders wichtig, immer für frisches Wasser zu sorgen, weil sich sonst Bakterien bilden könnten. Ist die Flüssigkeit milchig geworden, ist bereits ein Gärungsprozeß im Gang, und der Ansatz muß weggeschüttet werden.
- Die Sprossen sind, wie Weizenkeime, kleine hellgrüne Pflänzchen mit fast weißlichem Stil. Wie Kresse können die Keime abgeschnitten werden. Sie können bei Hanfkeimlingen aber auch die gesamte Pflanze mit Samen verwenden. Die Keime sind reich an Vitaminen, Mineralien, Spurenelementen und Enzymen.

Es gibt auch Behälter zum Keimen für alle verschiedenen Samen zu kaufen. Diese Keimer gewährleisten, daß die Samen nicht zuviel Wasser, aber immer genügend Feuchtigkeit haben.

Die Hanfkeimlinge bieten sich geradezu an als frische Vitamin-, Mineral- und Spurenelemente-Zutat für Salate. Der sehr feine, ein wenig nussige Geschmack unterstreicht die besondere Note jedes Salates.

Ebenfalls sind Hanfkeimlinge eine besondere Garnierung für gebratenes Gemüse. Statt üblicherweise Petersilie, könnten auch einmal Hanfkeimlinge das Gericht, die Suppe oder das Sahnehäubchen auf der Suppe zieren. In jede Art von Gemüse- oder Fleischgerichten läßt sich am Ende eine kleine Portion Hanfkeimlinge unterbringen. Doch sollte dies stets am Ende des Koch- oder Bratvorgangs geschehen. Die Keimlinge sollten nicht mit erhitzt, sondern vor dem Servieren untergemischt oder aufgestreut werden, da sonst einige der gesunden Bestandteile zerstört werden könnten.

Hanfkeimlinge als gebratenes Gemüse
Ebenso wie die bekannten Sojasprossen können auch die wesentlich kleineren und feineren Hanfkeimlinge zur Gemüsebeilage verarbeitet werden. Für ein reines Hanfsprossen-Gemüse braucht man jedoch eine größere Menge Keimlinge. Die Anzucht auf der Fensterbank sollte rechtzeitig begonnen werden.

- Hanfsprossen
- Hanföl

- Butter
- Sojasoße

Reichlich Hanföl in die Pfanne geben und mit höherer Hitze erhitzen (nicht die höchste Stufe!). Dann die Hanfsprossen auf einmal in die Pfanne werfen und ständig wenden, damit sie nicht anbrennen oder braun werden. Haben die Hanfkeimlinge nach zwei bis drei Minuten ein leicht glasiges Aussehen, sind sie fertig (nicht weich oder matschig werden lassen!). Die Pfanne sofort von der Platte nehmen, einige Butterflocken hineingeben und einige Spritzer Sojasoße. Alles vermischen und die Hanfsprossen mit einem Pfannenwender oder einem löchrigen Schöpflöffel aus der Pfanne nehmen, abtropfen lassen und auf die Teller legen.

Salat-Dressing
In jedem Salat-Dressing kann das gewohnte Öl durch Hanföl ersetzt werden. Hanföl schmeckt nicht nur vorzüglich, sondern ist auch äußerst gesund. Der dem Hanfsamen eigene, leicht nussige Geschmack ist auch im Hanföl wiederzufinden. Das Hanföl reiht sich somit unter die delikaten Nußöle, wie Erdnuß-, Walnuß- oder Pinienöl, der Gourmet-Küche ein.

Kräuter-Hanf-Dip
- 250 g Speisequark (40% Fettanteil) oder 1 Becher Crème fraîche
- ¼ TL Senf
- 1 El Hanföl

- Salz
- Spritzer Zitronensaft
- Pfeffer (halb grob gemahlen aus der Pfeffermühle) oder eine Prise Cayenne-Pfeffer
- Petersilie, Schnittlauch (oder gemischte gehackte Kräuter nach Wahl)
- reichlich Hanfsprossen (siehe oben – es können bei diesem Dip auch nur Hanfkeimlinge verwendet und die anderen vorgeschlagenen Kräuter weggelassen werden)

Alles verrühren und je nach Bedarf abschmecken. Der Dip kann zu rohem oder gebratenem Gemüse oder Fleisch gereicht werden. Als Füllung für Folienkartoffeln oder Brotaufstrich schmeckt er ebenfalls vorzüglich.

Hanf-Reis
Diese Beilage eignet sich für alle Gerichte, zu denen üblicherweise auch Reis serviert wird. Allerdings hat diese Beilage – durch den leicht nussigen Geschmack – den Vorteil, daß auch Reste durch Anbraten wieder ein eigenes Gericht ergeben können.

- Hanfsamen und Naturreis
- Wasser oder Gemüsebrühe
- Salz
- nach Wunsch Rosinen, Sonnenblumenkerne, etc.

Die Hanfsamen mit dem Naturreis in reichlich Wasser oder Gemüsebrühe ca. eine Stunde köcheln lassen. Nach kurzem Aufkochen wird die Temperatur auf mittlere Hitze heruntergestellt. Sollte die Flüssigkeit zwischendurch verdampft sein, vorsichtig kleine Mengen Wasser nachfüllen. Für die Kombination von Hanf mit Reis sollte Naturreis gewählt werden, nicht nur wegen der besseren Qualität des Produktes, sondern auch wegen der ähnlich langen Kochzeit. Wollen Sie einen Rosinenreis herstellen, zum Beispiel für indische Gerichte, sollten die Rosinen ca. eine Viertelstunde vor Ende der Kochzeit hinzugefügt werden, um aufquellen zu können.

Ist nach ca. einer Stunde der Hanf-Reis gar und alle Flüssigkeit verdampft, kann diese schmackhafte Beilage noch durch das Untermischen von Sonnenblumenkernen oder Pistazienstückchen verfeinert werden. Je nach Geschmacksrichtung des Hauptgerichts können auch fein geschnittene frische Kräuter, wie Dill oder Petersilie, dem Hanf-Reis hinzugefügt werden. Natürlich ist der Hanf-Reis durch seinen leicht nussigen Geschmack auch pur serviert eine gesunde Delikatesse. Viele Hobbyköche fügen dem Hanf-Reis kurz vor dem Essen noch einige Flokken frischer Butter zu.

Hanf-Getreide-Beilage
Besonders zu Hauptgerichten aus gebratenem Gemüse paßt diese würzige Mischung aus Hanfsamen und Getreidekörnern.

- gleiche Mengenanteile aus: Hanfsamen, Buchweizen, Weizen, Gerste, Dinkel, Naturreis
- Wasser

- Salz
- Butter
- eventuell Kräuter, Knoblauch

Es können so viel verschiedene Getreidesorten miteinander zu gleichen Teilen gemischt werden, wie Sie mögen. Doch sollte möglichst kein Roggen verwendet werden, da er einerseits zu stark dominiert und andrerseits leicht säuerlich schmecken kann.

Etwas Butter in einen Topf geben und zerlaufen lassen. Dann die Hanf-Getreide-Mischung hinzufügen und einige Male in der Butter wenden. Mit reichlich Wasser und einer entsprechenden Menge Salz auffüllen. Etwa eine Stunde köcheln lassen. Sind die Getreidekörner gar und das Wasser vollständig verdunstet, kann die Hanf-Getreide-Beilage mit einigen zusätzlichen Butterflöckchen versehen werden. Butter hebt den Eigengeschmack der einzelnen Getreidesorten hervor.

Diese würzige Beilage kann zu vielen Mahlzeiten gereicht werden, besonders zu Gemüsegerichten. Als Besonderheit können unter die Hanf-Getreidebeilage nach dem Kochen noch frische gehackte Kräuter, vorzugsweise Dill und/oder Petersilie und frischer gepreßter Knoblauch, gerührt werden.

Nachwort und Ausblick in die Zukunft

Hanf ist der Stoff, aus dem die Träume sind. Und längst nicht mehr nur die der Kiffer, sondern auch aller Umweltbewußten, sei es in der Bauwirtschaft, in der Medizin oder in der Textilbranche. Hanfpapier könnte Millionen von Bäumen das Leben retten, eine Jeans aus dieser Faser könnte statt drei bis fünf Jahre fast ein Leben lang halten und THC könnte die Produktion von Psychopharmaka mit höllischen Nebenwirkungen aus dem Rennen werfen.

Doch all das ist auch ein bißchen Zukunftsmusik, denn alles, was mit Hanf, seinem Anbau und seiner Verarbeitung zusammenhängt, ist veraltet, stammt frühestens aus den 30er Jahren. Als die Entscheidung für Papier aus Holz fiel, entstanden weltweit Papiermühlen, die dieses Holz verarbeiten. Gelagert wird es im Wald und nicht etwa, wie es bei Hanf sein müßte, in Lagerhallen bei der Mühle. Holz kann man je nach Marktlage schlagen oder im Wald stehen lassen, Hanffelder müssen einmal im Jahr abgeerntet, die Fasern verarbeitet oder gelagert werden.

Der letzte Mähdrescher, der in den USA Hanf erntete, ist inzwischen ein Museumsstück von etwa 60 Jahren. Mit dem normalen Mähdrescher lassen sich aber vorläufig keine Hanffelder abernten. Drittes Beispiel: Hanftextilien sind haltbarer, nahezu unverwüstlich und supergesund.

Doch allein mit dem Farbton Flachs kaum verkäuflich. Niemand aber, der es mit dem Umweltschutz ernst meint, würde diese Naturfaser mit chemischen Farben ruinieren wollen. Fakt ist aber, daß es zur Zeit in Deutschland noch keine Firma gibt, die für einen breiteren Markt Textilien natürlich färben könnte.

Am Ende dieses Buches will Ihnen aber nun keiner sagen: Vergessen Sie die Sache mit dem Hanf, das geht doch alles gar nicht. Die zahlreichen praktischen Rezepte für Körperpflege und Ernährung, die Sie hier lesen konnten, beweisen das Gegenteil. Vielmehr muß es heißen: Es gibt noch viel zu tun, damit Hanf in allen Bereichen unseren großen Hoffnungen gerecht werden kann ...

Die Autorin

Adressen

Wo man Hanf, Hanfprodukte und -zubehör bekommt:

hempy's shop
Koppgasse 6
94315 Straubing
Tel.: 0 94 21/2 25 55 oder 2 25 03
Fax: 0 94 21/2 25 56
Der Versand für Hanffreunde!
Gratiskatalog anfordern.
Diskreter Versand. Faire Preise. Kurze Lieferzeiten.
Versand von: Hanfkosmetik, Hosen, Shirts, Hemden ...,
komplettes Grow- und Headshopzubehör, Samen (Sensi Seeds),
Sortiment von über 150 Fachbüchern, Poster, Aufkleber,
Ganja Wear

HanfHaus Berlin
Waldemarstraße 33
10999 Berlin
Tel.: 0 30/614 98 84
Versand und Katalog

Information über Anbaumöglichkeiten:

Bundesanstalt für Landwirtschaft und Ernährung
Postfach 18 02 03
60083 Frankfurt am Main
Tel.: 0 69/1 56 40
Fax: 0 69/15 64 445

Österreichisches Hanf Institut
Dürergasse 3/4
A-1060 Wien
Tel.: 00 43/1/5 86 94 29

Genossenschaft/Verein Hanf Plus
Postfach 8215
CH-Zürich
Tel. (00 41)-1-2 72 10 77
per E-mail erreichbar: Hanf Plus@Spectra Web.CH

Register

HEYNE
BÜCHER

YOGA

*Harmonie von Körper,
Geist und Seele*

Richard Hittleman
Yoga
Das 28-Tage-Prpgramm
08/4546

Erling Petersen
Das Yoga-Übungsbuch
08/9299

Satya Singh
**Das Kundalini-Yoga-
Handbuch**
*Für Gesundheit, von Körper,
Geist und Seele*
08/9342

08/4546

H e y n e - T a s c h e n b ü c h e r